[ウエーブ アビリティ]

The correspondence for normal but damageless hair.
What's the point? colored and damaged hair make it much better.
What's the best way? Damaged hair has all sort of conditions.
Smooth out! Naturally wavy will be straight and make a new design.
Change perm. Naturally wavy smooth out, and make curl for hair ends.
That's a new straight perm for damaged hair.
To make ridge wavy for damaged hair.
New Conbination perm. It's to make some nuance for damaged hair.
You make wavy just only where you need.
The most popular style is the sort of naturally wavy.

Wave Ability

by ZACC

Preface

まえがき

かつてサロンでは「スタイリストが思い思いのスタイルを提案できればいい」という時代もありましたが、今日ではお客さまの要望も多様化して、「例えどんな髪質であっても」求めるデザインに仕上げなくてはお客さまの満足は得られない、といってもよいでしょう。つまり、サロンで求められるのは「十人十色の髪質から希望するデザインを完成できるテクニックが不可欠」ということです。
お客さまとしては「できないことを可能にして欲しい」という思いは強いでしょう。やはりどんな髪質であれ、求めるものを確実に提供することが顧客の要求に応えることであり、信頼と支持を得ることであると考えます。
求めるデザインに必要なパーマへの第一歩は、髪質をキチンと見極めること。そして、髪の状態に応じてどんな技術を選択し、どんなプロセスで施術するかということです。
ＺＡＣＣでは、まず髪のコンディションを整え、求めるデザインに可能なかぎり近づけ、自宅での再現性もサロンでの仕上がりに近づけることを常に追求してきました。
こうしたパーマを中心とする技術の特長は、

髪質を的確に見極めて幅広い対応を行う
求めるデザインのために髪をベストな状態にする
再現性の高いスピーディなスタイリング

ということです。本書では、そうしたＺＡＣＣのシステムをまとめてみました。ぜひお役立てください。

CONTENTS

デザイン性と再現性のためのパーマ対応

お客さまの支持を得るためには、魅力的な「デザイン性」のあるスタイルを提案すること。同時に、その評価を確実にする「再現性の高さ」も大切になります。
このとき不可欠になるのが「コンディションの調整」。つまり、十人十色の髪質を見極め、安定したコンディションの状態にして、希望するデザインを作るためのテクニックが求められます。
ＺＡＣＣのポリシーは、デザイン性と再現性の高いスタイルを完結させるためのテクニックに取り組むこと。そこで、髪のコンディションを整え、求めるデザインに限りなく近づけ、自宅での再現性もサロンでの状態とまったく変わらないくらいにするテクニック、特にパーマでの対応を研究・開発し、提供することを追求しています。

求めるデザインに合った素材＝髪質へのこだわり

お客さまの希望通りにするためには、デザインのみ先行しただけでは対応できません。ケアを含めたデザイン提案がますます必要となってきています。
こうしたことは以前から取り組んできたことであって、ＺＡＣＣのスタイリング発想には、髪質を大切にすることが根本にあります。髪質はデザイナーにとって大切な素材です。そこで、求めるデザインに合わない素材であったら、それを作り出してしまおうということがポリシーです。
やはり、一流のヘアデザイナーといわれるためには素材にこだわり続けたい、そんな気持ちがＺＡＣＣの大きな支えであると考えています。

Hair Styling Concept for Wave Ability

ケアを含めたデザイン提案

「かわいい女性」のイメージを大切にするデザイン

ＺＡＣＣのデザインのポイントは、どちらかというとカジュアルさや、キュートなイメージが入っているもの。再現性が非常に高いということとも関連して、日常性というテイストをとても意識しています。
また、大人の女性でも、子供っぽい方でも、かわいい女性というイメージを大切にしています。日常、ふと見たときに「真似したいな」という、かわいらしさのポイントを入れたデザインを考えています。

PERSONAL
PERM **for**
DESIGN

PRETTINESS

MOTOR
HARLEY-DAVIDSON
CYCLES

MOTOR
HARLEY DAVIDSON
CYCLES

髪の見極めと対応のベーシック

1 髪質判断から塗布までのチェックポイント

❶髪質判断

A 髪質の見分け方

パーマを的確に作用させ、求めるウエーブを出すためには、その髪がもともとどんな髪質なのかを見分ける必要があります。それは、髪質によってパーマ時のトリートメント剤の選択が変わりますし、部位によって施術を変える場合にも判断が必要になるからです。例えば、もともとコシがない髪ならパーマがかかりにくくウエーブだれを起こしやすい、だからハリとコシが出るトリートメント剤を、という判断につながるのです。

太い↔細い

いちばん多い太さを普通毛とし、それより太いか細いかで分類します。

コシがある↔コシがない

フィブリルは繊維質が絡み合って構成され、髪の弾力やコシの強さなどを決定します。コシがないときは、フィブリルの絡み合いを支えるシスチンが少ない場合や、パーマなどのダメージでシス結合が減少している場合などがあります。

パーマはフィブリルを支えるシス量が、カールの弾力やハリのあるウエーブを決定します。そこで、湿らせた毛束を指に絡めてそっと放し、クセがつかないなら、シス量が少ない髪といえます。

水をはじく↔はじかない

水をはじく髪はキューティクルが厚い、もしくは油分を含んだ髪です。キューティクルが厚い場合、明るいところで見るとキラキラ、ギラギラして見えます。また、油分を含んでいる髪の場合、髪が重く感じられ、ベタつく感触があるのが特徴です。

水をはじかない髪は薬剤の浸透がしやすく、パーマを扱いやすい髪といえます。キューティクルが少ない場合も水の浸透はよいのですが、ドライの状態では髪にツヤがなく濡れているときは地肌に張りつく状態になり、キューティクル剝離の場合もこれと同様です。

B 髪の構造

フィブリル

規則正しく配列している繊維の集合体です。毛髪は、繊維どうしが絡み合うとき「結合」という形で結びついているために弾力性に富み、曲げても元に戻る復元力があるのです。

この繊維をつなぎ留めている結合（S－S結合）は、水分を含むとゆるみ、チオグリコール酸、システインなどの化学反応によってほどける、またはゆるむ、という特徴があります。この後者の薬品によって結合がほどけたりゆるんだものは、100%元通りには再結合できません。弱酸性である毛髪を1剤でアルカリにいったん傾けて結合を切り、ワインディングで各結合が移動、2剤で酸化させ移動した位置で再結合するのがパーマのしくみですが、アルカリ性から酸性へ酸化する2剤の作業が充分に行われないと再結合はされず、フィブリルはゆがんだまま切れ毛の原因につながります。

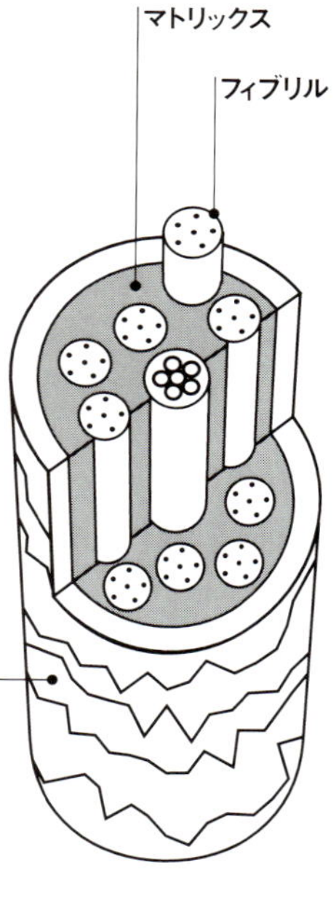

マトリックス

この部分は湿度が高いと膨れ上がり、乾燥すると縮む、といった湿度に敏感な構造になっています。健康毛にはこれがたくさん入っており（もともと少ない人もいます）、シャンプーのときにキューティクルが開くとすき間ができ、マトリックスは流れやすくなります。

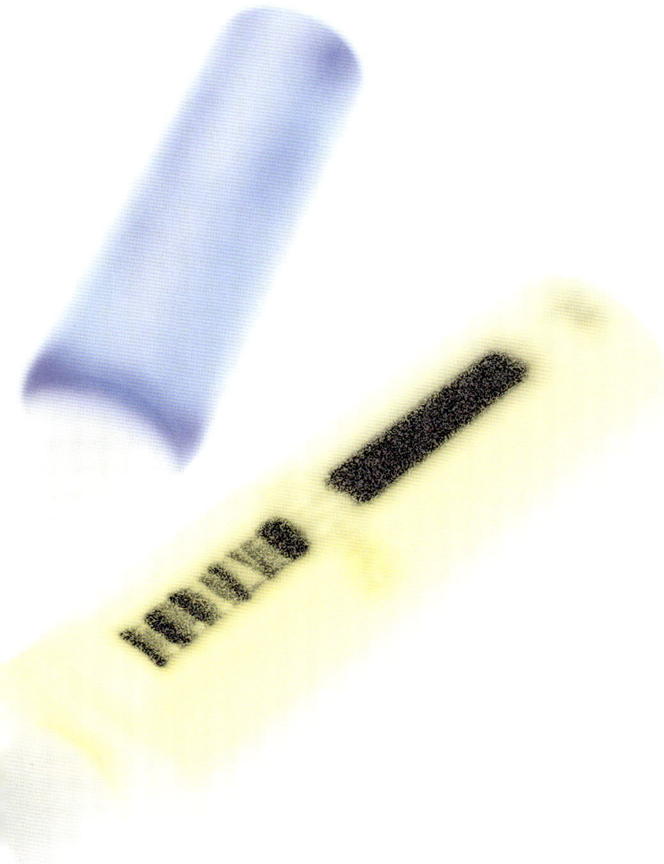

そして、パーマやカラーなどのアルカリ剤はキューティクルがさらに開くので、流出する量も多くなるのです。マトリックスが流出すると内部にすき間ができ、中の繊維（フィブリル）がゆるみ、これが枝毛の原因となるのです。また、マトリックスの量が減ると湿度を保つ機能も少なくなるので髪の乾燥の原因に、そして中身がないためコシのない髪になります。また、マトリックスは卵と同じように通常流動的なものですが、熱を加えることで固まってしまうため（熱に弱いので）、ドライヤーの使いすぎや、アイロンなどの熱によって変性してしまいます。しかも、1度溶けたアメ玉のように毛髪の裏面にへばりつくため、毛髪内に空洞化が起こります。

キューティクル

通常うろこ状に4～8枚重なって毛髪内部を保護しており、乾燥しているときにいちばんトラブルが起きやすいのです。乾燥すると静電気が起きやすくなって摩擦に対して抵抗が少なくなり、はがれたり、亀裂が走りやすくなります。キューティクルが傷つくと髪が絡み合うようになって、傷は増える一方になります。そしてブローやブラッシングしづらくなり、ハリがなくなったと感じます。このときセット力の強いスタイリング剤を使うと髪どうしをくっつけてしまうので、使いすぎると毛髪に残留し、髪をほどくときにキューティクルも一緒にはがす恐れがあります。シャンプーやタオルドライなどの摩擦も傷つく原因で、キューティクルがはがれるとマトリックスの流出につながります。

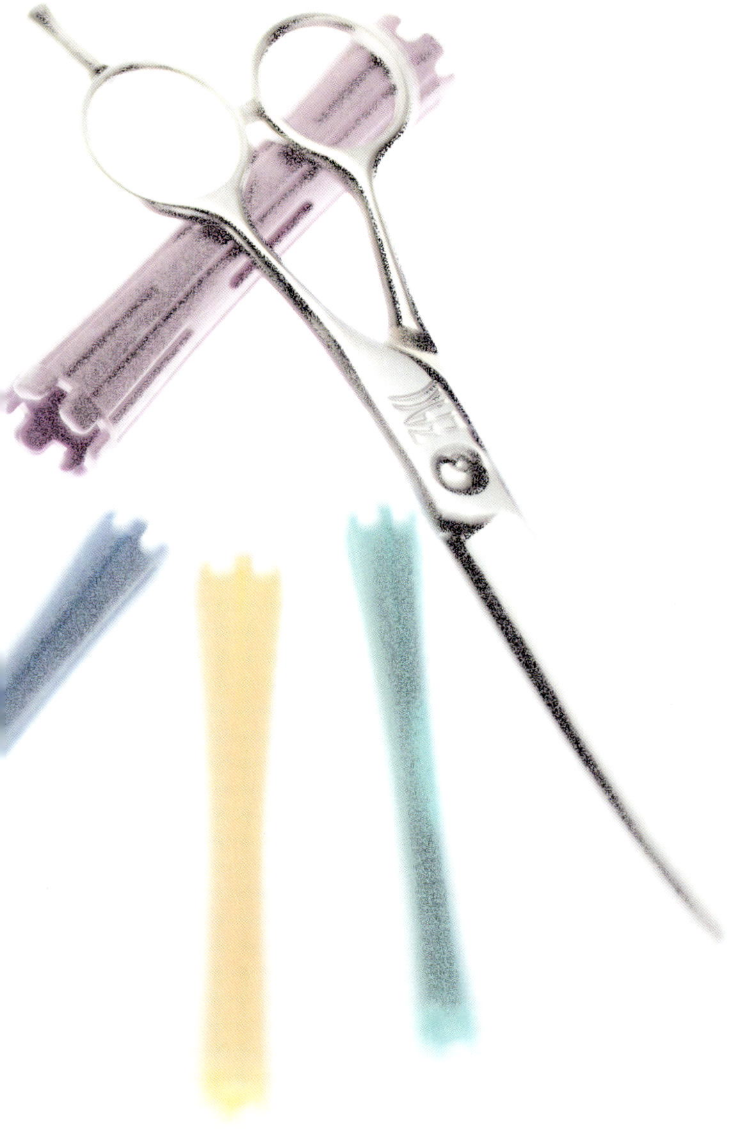

❷前処理

A前処理剤の効果と種類

本書では以下の前処理剤を組み合わせています。

・コラーゲンＰＰＴ――――保湿効果としなやかさ、ツヤ感を出す。
・ケラチンＰＰＴ―――――ハリ、コシ、弾力性を出し、ウエーブ感をキープする。カラーでは色素の定着部を作る。
・コンディショニング剤
　保護トリートメント剤―ダメージ部分を保護する（かかりすぎを防ぐ）。
　保湿トリートメント剤―保湿効果を与え、髪を柔軟にする。
・浸透水（ハイドロール）――パーマ剤の髪への浸透を促進し、ミネラル成分と酸性分がコンディションを整える。

通常、製品化されている前処理剤やトリートメント剤は、さまざまな成分が組み合わされています。そこで、それぞれの製品には主に何が多く組み合わされているかを把握しておくことが大切です。

B塗布のしかた

前処理剤の浸透を考えて、ダメージの強い部分から行うことが基本です。

しかし、ハイダメージだからといって、これらすべてをたっぷりと塗布すると、かからなくなるはずです。これは、前処理剤がダメージ部分を保護すると同時に、パーマ剤の力を減力するからです。そこで、何を優先するのかを考えることが必要になります。例えば、全体にダメージがあり、さらにハイブリーチのウイービングが入っている髪には、ウイービング部分だけを大まかに取ってケラチンを補充し、さらに油分でカバーし、他の部分はコラーゲンを塗布する、という方法をとります。

また、求める髪質やデザインとしての質感を出すときには、以下のようにします。

・猫っ毛にしっかりしたカールを出す……ケラチンPPT

・乾燥がひどい髪にしなやかな質感を出す……コラーゲンPPT
・ドライな質感を出す……ケラチンＰＰＴ（あえて油分は外す）

ただし、前処理剤はパーマ剤効果を弱めることが多く、使用量は薬剤や髪のコンディションに合わせて決めましょう。また、ＰＰＴは定着をよくするために「からみやすい」処方がされている場合が多いので、薬剤とのマッチングもチェックしておくとよいでしょう。

❸薬剤選択／薬剤の特性を考えて使うタイプを決める

A ウエーブ効率と損傷のしにくさ

チオグリコール系とシステイン系、チオ系の中でもpHが異なるアルカリ性、中性、酸性の違いで較べてみます。

ウエーブ効率

チオ系とシス系を較べると、一般にチオ系の方がウエーブ効率は高くなっています。pHで較べてみると、ウエーブ効率はアルカリ性の薬剤がいちばん高く、中性、酸性の順で低くなっていきます。

損傷のしにくさ

シス系の方がチオ系より損傷しにくいといえます。pHについてはアルカリ性に傾くほど損傷しやすく、中性、酸性の順に損傷しにくくなっています。

以上のことをガイドに、薬剤の特性を考えて使う薬剤のタイプを決めますが、「傷んでいるからシス」というように、薬剤だけにたよることは避けたいものです。

例えば、チオ系でも正しい施術によって傷みは最小限に抑えられますし、シス系でもワインディングによるミスやオーバータイムによって傷みにつながるからです。

B 薬剤について

アルカリ剤の種類（目的によって選択する）

	揮発性	刺激臭	pH上昇	ウエーブ形成力	施術による結果	長期間くり返した場合
アンモニア	高	強	大	強	後の損傷は少ないが、髪の毛は硬くなる	コシがなくなりやすい
モノエタノールアミン	低	弱	大	強	コシはなくなるが（硬い髪の毛には適している）、残留する	へろっとしやすい
炭酸水素アンモニウム	中	中	小	弱	基本的には、アンモニア臭を消したものだが、残留する	乾燥が進みカスカスになりやすい

中性パーマ剤

本書で使用した中性パーマは、以下のような特性があります。

・成分――アミノ酸類の天然成分をより多く配合し、中性にpHコントロールされている。
・効果――残留アルカリが少なく、髪のタンパク質に優しく作用してダメージ毛への対応にも適している。高いウエーブ効率と定着性があり、浸透性と反応が早く、作業時間を短縮。

ストレートパーマ剤

本書で使用しているものは、縮毛矯正やクセ毛対応のものでなく、パーマ伸ばしやボリュームダウンを目的とした中性タイプのものです。通常のストレートパーマ剤はアルカリ分を強くして軟化して伸ばすという考え方ですが、本書で使用するものは、アルカリ分を現在の用剤基準の下限ぎりぎりくらいにして、ゴワゴワした髪のコシをなくしてしなやかさを求める作用を残しています。

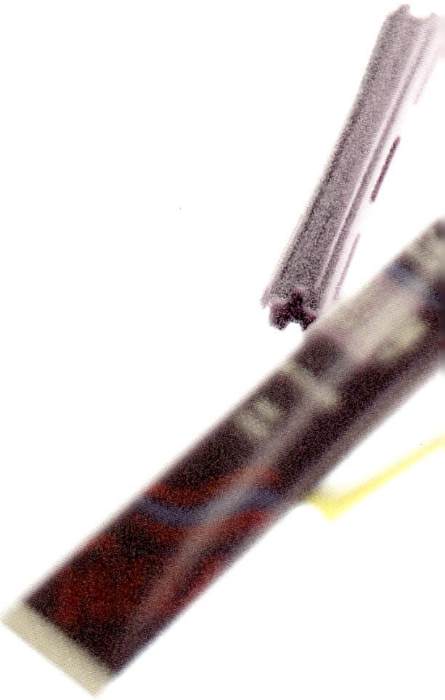

❹1剤塗布／浸透を考えて塗布する

１剤塗布にはワインディングしながら塗布していくつけ巻きと、巻き終わった段階で塗布する水巻きがありますが、髪をしっかり膨潤させたい場合には、つけ巻きが向いています。

特に薬剤が浸透しにくい髪質の場合は、１剤を塗布してある程度軟化してきたのを確認してからワインディングするとよいでしょう。そうしないと薬剤が内部まで行き渡らず、かかりムラが起きることがあります。また、毛先と根元の健康状態がかなり違う場合、かかりにくい根元には先に１剤を塗布するというように、時間差をつけて、水巻きとつけ巻きを分けて塗布する方法もよく使われます。

❺テスト／充分軟化されていることとウエーブの形状を確認する

薬剤塗布後の放置時間の基準は、メーカーがその薬剤について指定している時間が目安ですから、薬剤が浸透しやすい髪質の場合は、早めにテストカールを行ってチェックします。

1剤塗布前の髪はシスチン結合が切断されていないので弾力があり、塗布後は切断がキチンと行われて軟化されているはずですから、充分な軟化が行われているかを中心にチェックします。このときのテストは1か所で行わず、必ず何か所かチェックすることをおすすめします。

❻中間処理／1剤の働きを弱め2剤の効果を促進する

水洗や酸リンスで中間処理を行うのは、1剤の働きを止めて、1剤に含まれるアルカリ成分を洗浄または中和することで、2剤の定着をよくして安定させるためです。そこで、1剤塗布後に中間処理をしないで2剤塗布を行うと、1剤が毛髪内に残留したり、シスチン結合の再結合が充分行われなくなります。

また、1剤と2剤が直接混じると発熱反応が起こるときもありますが、中間処理を行うことで髪への刺激やダメージをやわらげ、pHの急激な変化を避けるためのクッション的な役割も果たしています。

❼2剤塗布／1剤と同量を何回かに分けて塗布

2剤は毛髪を収縮させるので薬剤が浸透しにくいことから、1度に塗布しようとすると、かなりの量がムダに流れ落ちてしまうため、最低でも2回に分けて、時間をおいて塗布することが大切です。

また、ここまでのプロセスで含んだ余分な水分が残っていると薬剤が浸透しにくいので、2剤塗布の前には軽くタオルドライしておきましょう。そして、ロッド1本1本の端から端までまんべんなく薬剤が行き渡るように塗布し、使う量は1剤と同量を基準にします。このとき塗布量が充分でないと、シスチン再結合の働きがしっかり行われません。

2剤塗布後のテストでは、毛髪の弾力が充分戻っているかをチェックします。髪に弾力が戻っていなければ、シスチン再結合がまだ完成していないということになります。

2 髪質の見極めと対応

❶髪質の分類と対応

ここでは「求めるデザインとパーマネントウエーブ用剤を一定」として以下の分類をしています。

A毛量

毛量の多い、少ないを確認するためには、目で見て手でさわることが基本となります。そして、毛量が多いか少ないかの違いによって、ロッドの選択を考えたりスライス幅を変えていくなどの必要性があることを頭に入れておきましょう。

多い

基本本数でワインディングしていくとボリュームが出てしまい、カールそのものが収拾つかなくなることがあります。そこでロッドの本数を減らし、ロッドダウンすることや、角度を下げたりスライス幅を厚くすることなどの対応を心がけ、カールの大きさを大きくする方向で対応します。

普通

通常、カールは巻いたロッドの1.5倍くらいの大きさに出ることが多いため、求めるデザインに対して3分の2のロッド選定でかけるようにします。

少ない

イメージに対してのボリューム感を求めきれないことが多くなります。全部ではなくても細いロッドと基本にするロッドを組み合わせるなどして、太さの違いでボリューム調節を行っていくとよいでしょう。または一段落としたロッドを選択し、スライス幅を薄くして多めに巻いていくなどの対応も考えられます。

Bキューティクル

キューティクルの厚さの判断は、毛髪表面のツヤ感を基準に見るようにします。ツヤ感があればキューティクルの重なりが多く、「厚い」と判断し、逆に髪のダメージがないのにツヤ感を感じないのは、キューティクルの重なりが少ない「薄い」と分類します。また、酸性カラーや仕上げ剤によってコーティングされ、妙に人工的なツヤ感で、見た目に表面から浮いているように見えることがありますから、多くの事例から目と手を通して学ぶことが大切です。

厚い

キューティクルそのものに厚さがあるだけでなく、酸性カラーやスタイリング剤の残留があることもあります。厚さがある場合には薬剤の浸透率が落ちるので、つけた１剤が浸透する前に毛先に流れ落ちてしまうことが多くなります。ということは、１度軽く塗布した後、ワインディング直前にもう一度塗布することが大切になるのです。また、浸透率が低いキューティクルに対しての前処理は、よけいパーマのかかりが悪くなるので避けるようにしましょう。

薄い

ワインディングで先に巻いたところからかかりやすくなったり、チリつきが出てしまう場合には、水巻きをおすすめします。また、キューティクルが薄いと判断したときは、毛髪の保護やかかり上がりの調節として、表面に残りやすい油分やＰＰＴなどで前処理を行うようにします。

C油分

ドライの状態の髪に霧吹きをかけ、霧が自然に消える場合は油分が少なく、霧が玉になる場合は油分が多いと判断できます。

多い

塗布量に間違いがなければ問題なくパーマをかけることができます。もし塗布量にミスがあれば放置タイムを長めにしますが、オーバータイムになってパサつきが出ないように注意します。基本的には塗布量を間違えずに、短時間で仕上げていく方法を選択するようにしたいものです。

少ない

薬剤の浸透率が高いといえます。そのため、部分的にパーマの質感に変化を持たせたいときなどは調節しやすくなります。ただし、短時間で仕上げてしまうとパーマだれが早くなってしまうので注意が必要です。パーマだれを防ぐにはロッドを全体的に太めにして、基本タイムまで置くようにします。また、毛先のパサつきが出やすい状態になりがちなので、前処理として油分を補っておくことも必要です。

Dシス量

握ってみたときの跳ね返りや弾力を基準とします。カールがすぐに戻ってしまうならシス量が少なく、逆にカールのまま維持するようならシス量が多いと判断できます。

多い

パーマによるクセづけがしやすいのがシス量が多い場合です。短時間でパーマをかけたとしてもパーマだれが少なくなり、求める通りに問題なくかけることができます。そのため、前処理や中間剤などを用いる必要はありません。

少ない

パーマによるクセづけがしにくいため、ていねいな処理が必要です。そこで、１剤をしっかり入れ込むようにするか、ロッドをダウンさせて対処します。また、前処理では内部に浸透するＰＰＴの選択が必要になるので、テストカール時にＯＫが出たら、パーマだれを防ぐためにも中間リンスにＰＰＴを入れることも効果的です。

❷髪質対応の主な具体例

毛量、キューティクル、油分、シス量、それぞれの組合わせ方によって的確な対応ができるようになります。

細毛でキューティクルが厚く、油分が多くてシス量が少ない

シス量が少ないので前処理でＰＰＴを塗布し、キューティクルが厚めなのでつけ巻を選択します。細毛であることとシス量が少ないことから、スライスを薄く、太めのロッドで巻くようにするか、ロッドダウンしてスライスを厚くしていく方法をとります。

毛量は普通で、キューティクルが厚く、油分は多くてシス量は普通

キューティクルが厚いために浸透しやすい状態をつくることが大切になります。そこで１剤を軽く塗布することでキューティクルが開き、少しおいてからワインディング時につけ巻きすることで１剤をしっかり浸透させることができます。また、ロッドダウンしていくことも効果的です。

毛量が多くて、キューティクルが厚く、油分は少なくてシス量が多い

油分が少ないので、パーマによってパサつきが出ることが多くなります。そこで前処理として毛先に油分を補っておく必要があります。また、毛量が多いということは、ロッド選定として狙ったものよりも太めにしたいものです。そしてキューティクルに厚さがあるため、ていねいな１剤塗布を行う必要があり、テストカールを早めにしておくことも大切になります。

毛量が少なくキューティクルが薄く、油分は少なくシス量は少ない

キューティクルが薄いので、かかり上がりの調節や保護を考慮して前処理としてＰＰＴを補います。ロッドの選択は、太さの違うものを組み合せるか、ロッドダウンさせたり、スライスを薄く取り、本数を増やすなどの工夫をしたいところです。ここでは油分が少ないために、特に強くかけたくなければ水巻きにします。シス量が少ないこともあるので、テストカール時にＯＫが出たら、中間リンスにＰＰＴを入れてパーマだれを防ぐ処理をします。

3 ダメージ部分への施術

パーマの浸透具合をコントロールし、ダメージによって流出してしまったものをトリートメント剤で補充することによって髪の機能を回復させ、パーマの失敗やダメージの進行を防ぐことができます。ここでは施術するときにチェックしたいポイントをまとめました。

❶ダメージのレベル

超

断毛や溶けた毛が見られ、パーマやカラーの施術には前、中間処理、アフタートリートメントが必要です。ハイブリーチなどで全体のレベルが11以上になっている場合が多くあります。

大

乾燥がひどく、チリついて扱いにくい状態。ハリ、コシなどの弾力も低下し、ストレートパーマやハイトーンのカラーを何度か行っている場合に多く見られます。ここでは前処理が不可欠です。

中

全体的にやや乾燥し、退色状態の毛先など特にダメージが大きい部分には前処理が必要です。

小

毛先や表面がやや乾燥している程度の状態です。ここでの保護は損傷部分のみにしないと、かえって薬剤の効果を阻害します。

❷ダメージへの対応方法

ＰＰＴの使用

マトリックスの流出、変性、キューティクル剥離など、ダメージ部分を強化・保護するためにＰＰＴを使用します。このＰＰＴとはポリペプチドのことで、髪の内部で効果を上げるためには、動物の筋や皮膚からとったコラーゲンを、酵素、酸、アルカリなどにより分子量を1,000以下になるよう加水分解したものを使用することをおすすめします。

ＰＰＴはその分子量の大きさによって、前処理、中間処理、後処理と使い方が変わります。分子量が大きいＰＰＴは、内部にまで浸透しない大きさで、後処理で多く使われます。

パーマ剤の減力操作

ダメージしている部分は基本的に乾燥毛であることが多く、油分も足りないので、健康な部分より薬剤の浸透は速くなるので、１剤が作用するスピードを減力させる必要があります。

そこで、パーマ剤の塗布より先にＰＰＴもしくは油脂を塗布しておけば、１剤はそれほど速く浸透しません。ここで使用する油脂は、薬剤の浸透を妨げないように、あまりベトついたり、ギラギラしているものは避けましょう。

施術中の水分補給

ダメージ毛はもともと水分が少ないので、施術中は常に乾燥させないように気をつけます。乾燥してしまうと水素結合が戻ってしまったり、薬剤の浸透ムラが出たりするので、水スプレーや保湿剤で水分を補給します。

パーマ施術中の水分補給は健康毛に対しても同様に大切ですが、ダメージ毛はこれ以上の傷みの進行を避けたいので、特に注意が必要です。

❸ダメージ部分への対応例

乾燥毛→コラーゲンベース

毛髪を軽く握ってみて、かなり硬いようなら乾燥が進んでいます。コラーゲンは皮膚の成分に含まれているたんぱく質で、水分保湿力が強く、しなやかさを出す効果に優れており、毛髪内部で作用します（外側で作用するタイプもある）。

ハリ、コシを補う→ケラチンベース

軽く握ってみた毛髪が突っ張るようにクセがつかないときは、ケラチンが不足しています。ケラチンはＰＰＴの中でも毛や爪に含まれるたんぱく質で、シスチンがいちばん多く含まれており、結合をしっかりさせ、繊維質を補強する働きがあり、毛髪内部で作用します。

そこで、ダメージによって間充物質が抜け落ちてしまい、ハリやコシがなくなってしまった髪、色素の定着部分がなくなってしまった髪に有効です。

保湿を与える→油分トリートメント

主にダメージ部分に及ぼす薬剤の力を減力し、保湿を与える目的で使います。浸透を阻害しすぎないものを選ぶことが大切です。

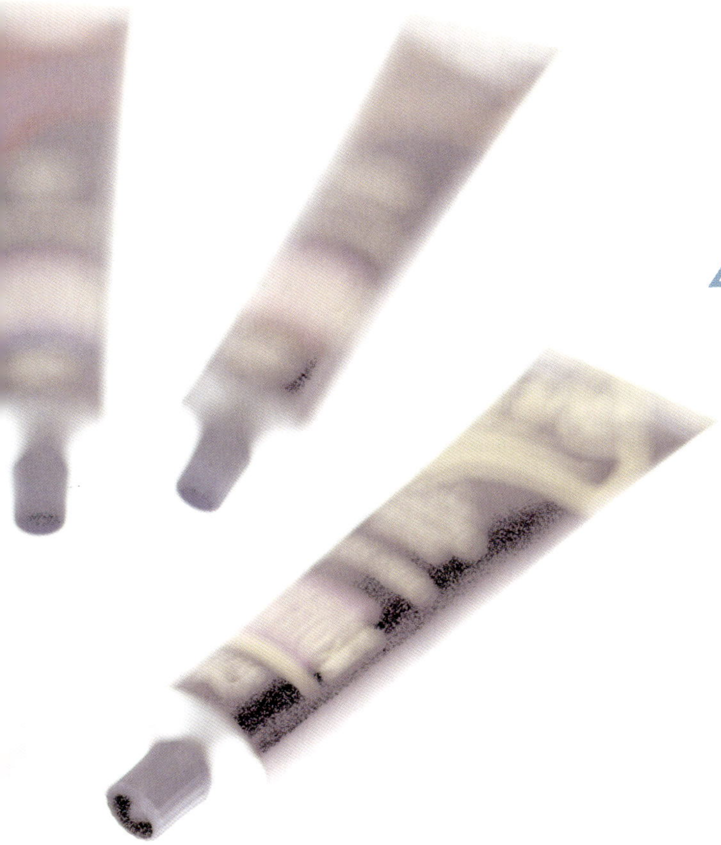

キューティクル剥離→シルクＰＰＴ

加水分解された絹たんぱく質。ツヤ、手ざわり感をよくする分子の大きなタイプのもので、毛髪外部で作用し、主に後処理剤として使用します。

4 エイジレス（加齢にともなう髪）への対応

髪の毛は加齢と共に毛量が少なくなる、細くなる、柔らかくなるということから、ハリやコシがなくなってきます。こうした場合、以下のような対応が必要とされます。

髪質判断

手で触れる硬さや乾燥ぐあいがポイントです。例えば白髪染めのくり返しでゴワつきやパサつきが出たときは、おしゃれ染めや若い方が明るく染めているのとは違います。これは、ちょっと見ただけではわかりずらいもので、特に毛先が黒い場合には間違った判断をしがちです。これは黒いから健康毛ではなく、ダークな色で染めていて、ツヤが黒くても光を通すと赤みがあり、カラリングによるものであるという的確な判断が必要とされます。

若い方の場合には、カラリングによるダメージでは毛先になるにつれてより明るくなり、白っぽくなってきてわかりやすいのですが、エイジレスでは枝毛などができていないかぎりわかりにくいといえます。もともとの髪の状態を見るには新生部を見て判断します。前項でも説明していますが、キューティクルの厚さ、カラリングにより細くなっているのか、もともと細いのかなどをチェックして、前処理をしてからから薬剤の選択をします。

前処理

ハリやコシのない髪へは、ケラチンベースのＰＰＴを与えることが基本となります。

ダメージのある細い髪の場合は、まずケラチンＰＰＴを塗布し、ダメージ部分にコラーゲンＰＰＴの塗布で保湿感を与えるという対応が必要となります。

中間処理

髪の毛をしっかりさせるために、ケラチンベースのＰＰＴで対応します。

後処理

たんぱく質系のトリートメント剤を加えることによって、持ちをよくします。

薬剤選択

エイジレスに関しては「しっかりめにかけたい」という方がけっこういますが、しっかりめにかけるときには強めの薬剤を使うということもありますが、髪質によってはチオ系の薬剤を使えない場合もあります。こういう場合にはロッド幅を狭くしたりロッド径をダウンしてしっかりかけるという対応や、２剤の定着をしっかりさせるということが必要になってきます。

一般的には、細くて柔らかく、毛量が少なくコシがないという髪ですから、モノエタノール系のアルカリ剤を使うとハリやコシをなくすので、避けたほうがよいでしょう。

仕上げ剤

例えば細くてペタっとなる髪に油分系の仕上げ剤を使うと、その重さでつぶれてしまいますから、ファイバー系のワックスを使用することで充分な対応が可能です。

PERSONAL
PERM
DESIGN

for FEMININITY

LOVE

CASE STUDY 1

少しダメージのあるノーマルヘアへの対応

テクニックポイント

ボリューム感を調整し、毛束の動きをランダムにする

❶ドライカット

ベースカット→前下がりのボブ
ドライカット→スタイルに空気感を出し、顔回りの動きをつける

1. 表面のハネの動きをつけるため削ぐようにハサミを入れます。

2. 根元の量感を少し減らすために角度を上げて根元近くから削いでいきます。

❷前処理

毛先のパサつきを抑えて保湿感を与える→コラーゲンＰＰＴ
薬剤の浸透を遅らせる→コンディショニング剤

1. 全体にうるおいを与えるために浸透水（ハイドロール）を塗布します。

2. 毛先のパサつきを抑え、保湿感を与えるために、コラーゲンＰＰＴを中間１に対して毛先２の割合で塗布します。

3. 毛先のパサつきを抑え、薬剤の浸透を遅らせるため、コンディショニング剤を写真の量くらい使います。

❸１剤塗布とワインディング

毛先まで入るとボリュームが出てしまう→毛先は外して巻く

1. ここではシス系の薬剤を使用。根元中心に、指の腹で（毛の長さがあるときは手のひらで）押さえるようにしっかりと塗布します。

2. テンションをかけずにコームスルーするために、峰を使わずに歯の部分を直角に当て、そっととかしつけます（毛先には根元からたれてくるくらいの量で充分です）。

3. 前髪に軽い動きをつけるためにピンカールします。

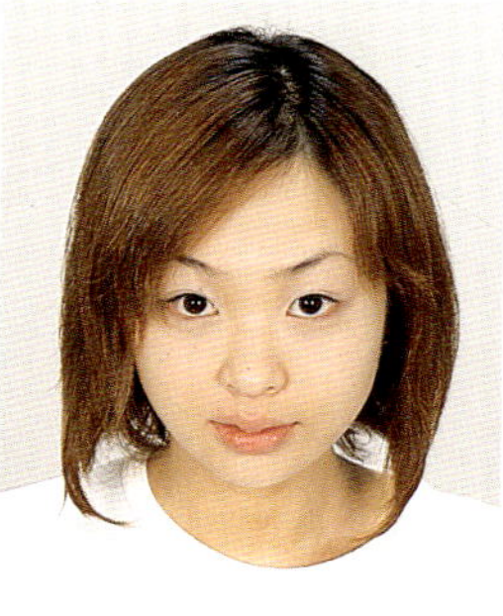
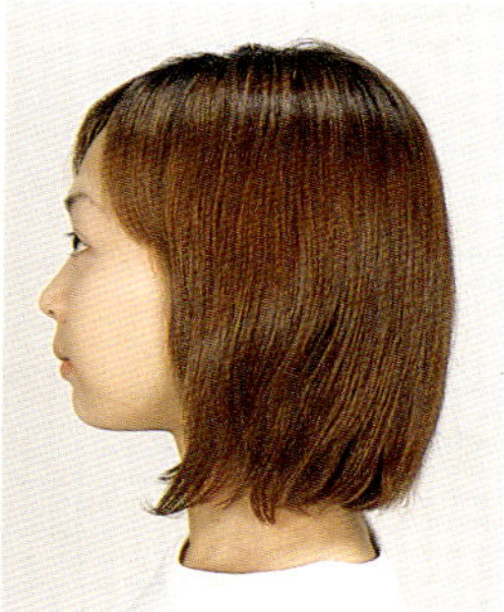

before

髪質／太さは普通、やや柔らかめで、毛量は多い
クセ／全体的にふくらみやすく、軽くうねるようなクセ
ダメージ／毛先中心にカラリングとパーマによる多少のダメージ。枝毛はなし

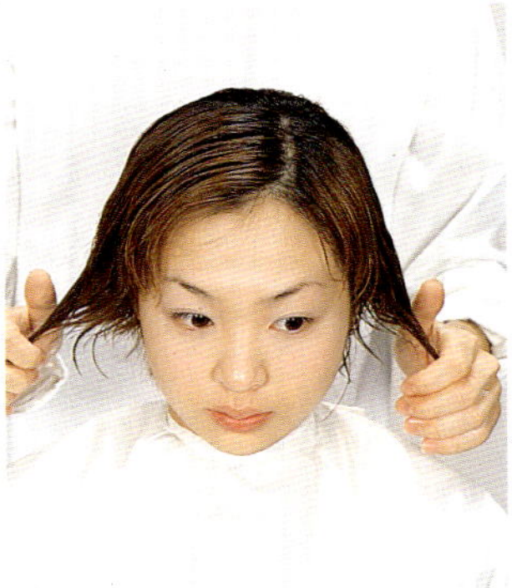

4. まず毛先部分に塗布します。

5. 根元につけず毛先中心につけるために、上からつけると内側がつかないので、上へ持ち上げてつけます。

4. トップのボリュームを出したい部分は角度を上げて、23mm径ロッドで根元巻きします。

5. ピンカールとのつなぎ部分は、やや角度を落として23mm径ロッドで巻き込みます。

6. ギッシュ部分は前下がりのカットを生かし、長さを残してうねりをつけるために、20mm径ロッドを使い、ダウンステムで縦に毛先を逃がして巻いています。

❹巻き上がり

ここでのカットはダブルベースで上の方が長くカットされているので、短めになっているネープは、ピンカールと17㎜径のロッドを使用。サイドになるにつれて次第に長く残し、あまり強くかけたくないので、23㎜径のロッドでダウンステムで巻いています。

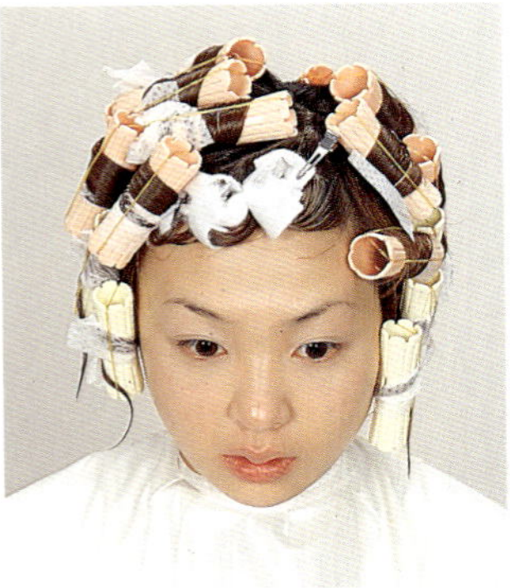

❼ 2剤塗布

まずたっぷりめに手早く塗布します。そして塗布ムラのないように、再度塗布します。
ここでは5分＋5分の2度づけです。

❽アウト前のチェック

2度づけして外す前にチェックしますが、ハリとコシがもどっていればOKですが、そうでないときには再塗布し、3度づけします。

❿スタイリング

スタイリング剤はムラなく均等にすり込むのではなく、包み込んでムラを作って毛先のランダムな動きを出す

1. ウエーブスタイルで巻いているため根元を軽くドライします。

2. 写真の量くらいのコンディショナーを手のひらによく伸ばし、数回に分けて使います。

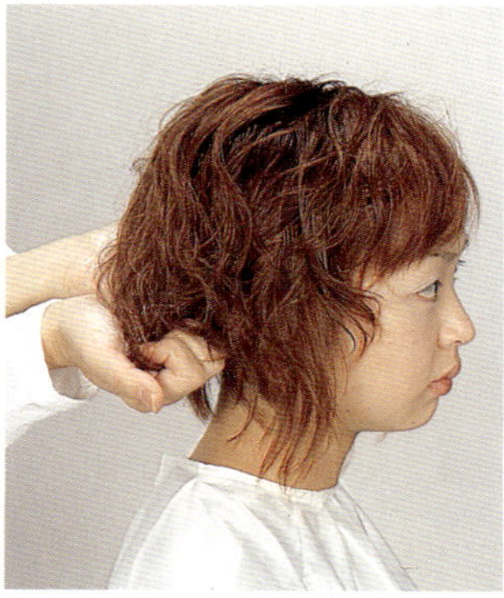

3. 下の方から包み込むように塗布していきます。

❺ 1剤塗布

ロッドの端から端まで均等に、根元を中心につけることがポイント

薬剤の浸透をよくし、かかりムラをなくすために浸透水をたっぷり使い、指の腹で軽く押さえるように浸透させながら1本1本ていねいにつけていきます。
ここでは自然放置5分でテストカールします。

❻テストカール

引っ張らないようにそっと外して落とし、求めるカールが出ていればOKです。

❾ロッドアウト

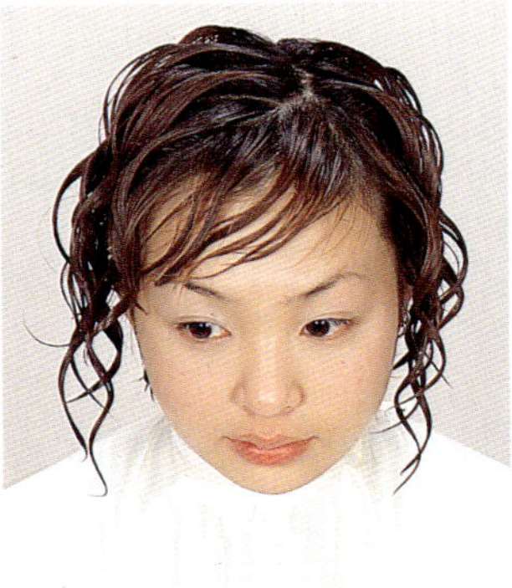

仕上がり

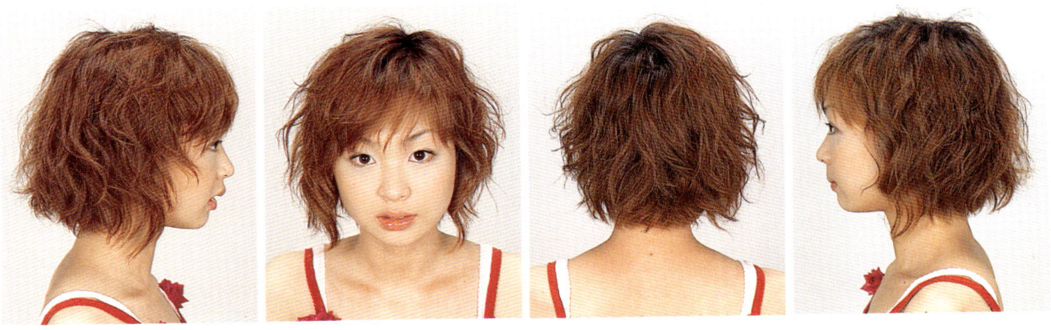

CASE STUDY 2

ダメージのある カラー毛への対応

テクニックポイント
スーパーダメージ毛への対応
たんなる内巻きでなく、空気感を含んだ角度違いの巻き方で表現するコンビネーションパーマ

❶前処理

毛髪内へのミネラル成分などの補給→通常の2倍くらいの浸透水
ハリやコシを出す→ケラチンPPT
パサつきを抑え、保湿感を与える→コラーゲンPPT
ツヤ感を出し、保護する→コンディショニング剤

ここでは前処理をしすぎると1剤の作用を阻害するため、薬剤によって適量を見極めることが必要です。

1. 全体に浸透水(ハイドロール)を塗布し、ダメージ部分には通常の2倍くらい塗布して毛髪内にミネラル成分などを補います。

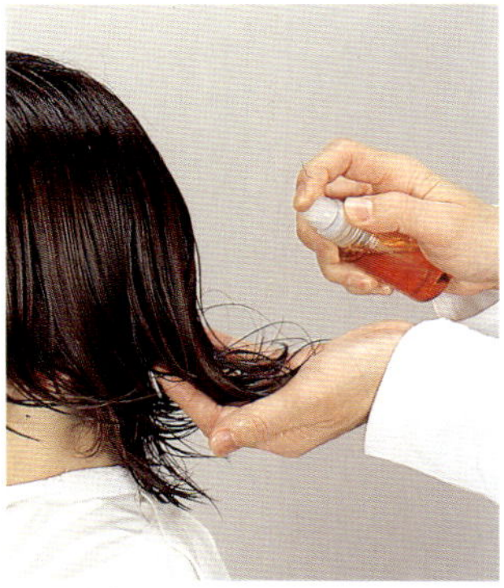

2. 毛先のみ、ハリやコシを出すためにケラチンPPTを塗布します。

3. 中間から毛先のパサつきを抑え、保湿感を与えるためにコラーゲンPPTを塗布します。

❷1剤塗布とワインディング

立体感を出すためにボリュームのアップダウンをつけ、動きが出るような巻き方がポイント

1. シス系の薬剤の浸透を確実にするために指先でつまみ、もみ込むようにして根元の方からしっかりと塗布し、テンションをかけずにコーミングします。

2. 前髪は立ち上がるクセがあるので、1本目は23㎜径のロッドを使い、ダウンステムで斜めに巻きます。

3. 顔回りは20㎜径ロッドを中間巻きで、動きが出るように巻いていきます。

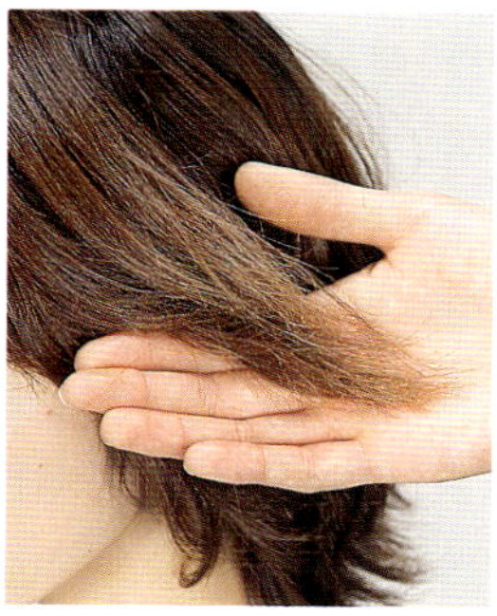

before
髪質／太く、硬毛で、毛量は多い
クセ／全体に軽くうねるようなクセ
ダメージ／キューティクルが薄いなどの髪質に加えて
パーマやカラリングなどにより間充物質が
ほとんどないくらい不足しているスーパーダメージ毛
通常、このような髪にパーマをかけると
完全に縮れた状態になる

4. 間充物質が少なくなり軽くなった毛先には重さをつけておさまりをよくし、ツヤ感を出し、保護するためにコンディショニング剤を写真の分量くらい塗布します。

5. 中間から毛先を持ち上げて、

6. 毛先によくすり込むように塗布します。

4. ボリュームをダウンさせるために、23㎜径ロッドをダウンステムで毛先巻きします。

5. ボリュームアップさせるために、20㎜径ロッドをアップステムで根元巻きします。

6. サイドはポイントを作るため、23㎜径ロッドでリバースに逆巻きして、外ハネにならないように巻き入れます。

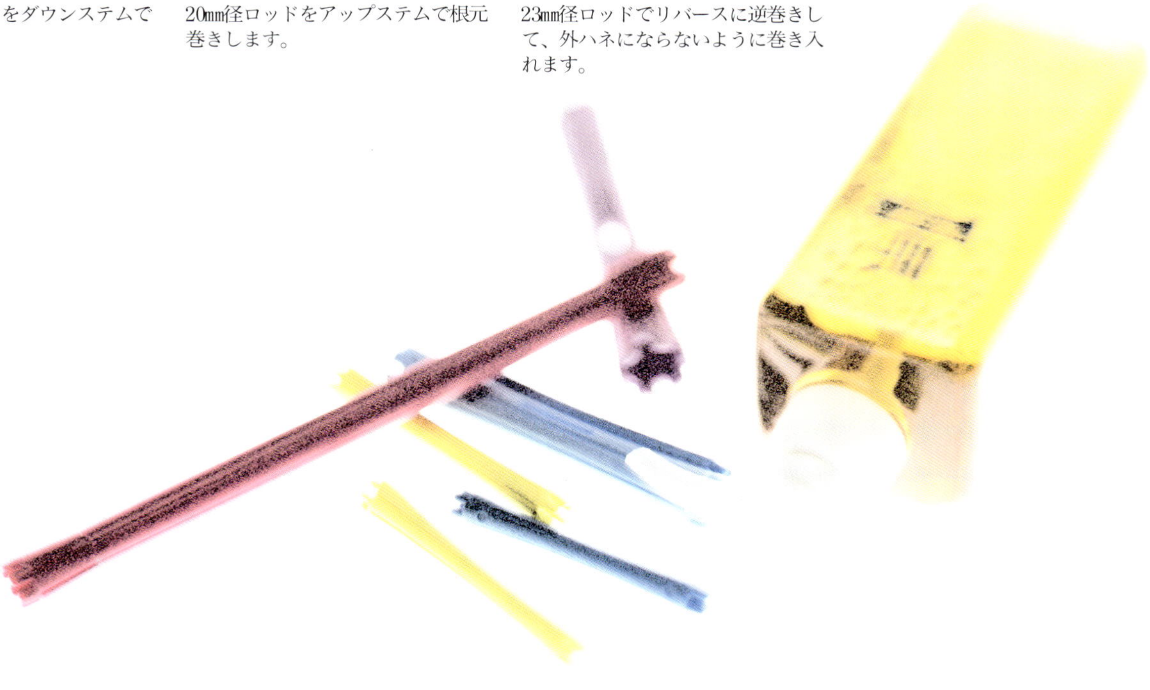

❸巻き上がり

ムラがかりを避け、１剤の浸透を促進させるため、１剤塗布の前に浸透水を塗布します。１剤は自然放置４分でテスト、２剤は５分＋５分＋５分の３度づけです。これは、この後カラリングをするので、しっかりと薬剤を定着させるためです。

❺カラリング

スーパーダメージの毛先には強い薬剤を作用させない

傷んだ髪の毛には薬剤の作用を和らげるアルカリカラー・7.5トーンくらいの暖色系の赤（ウエラ・コレストン、9/4=２：0/4=１）を使用。根元はオキシ６％のもので８トーンくらいに上げてトーンアップ、毛先は色が抜けている状態なのでもう少し落とすために（7/4）を加えることにより７トーンくらいにしてトーンダウンします。

1. リタッチから入ります。根元の方を（9/4=２：0/4=１）のオキシ６％のもので塗り終わった後、ラップして自然放置で５分おきます。

2. 毛先は（9/4=２：7/4=１：0/4=１）のオキシ2.4％（デミ・ディベロッパーOX2.4）のもので染め、根元をよく浮かした状態で自然放置で15分おきます。

3. 4. 塗り上がりの状態です。

❻スタイリング

油分が多いので、１度につけると１か所だけ重めにつくので、少量を数回に分ける

1. 自然乾燥でドライだけのスタイリング。まず根元をドライして、油分系のワックスを指先に取り、２～３回に分けて使用します。

2. 下から髪の毛を包み込むように、そっと広げるようにしてワックスをつけます。

3. トップは持ち上げてねじり、落とすようにしてスタイリングします。

❹ロッドアウト

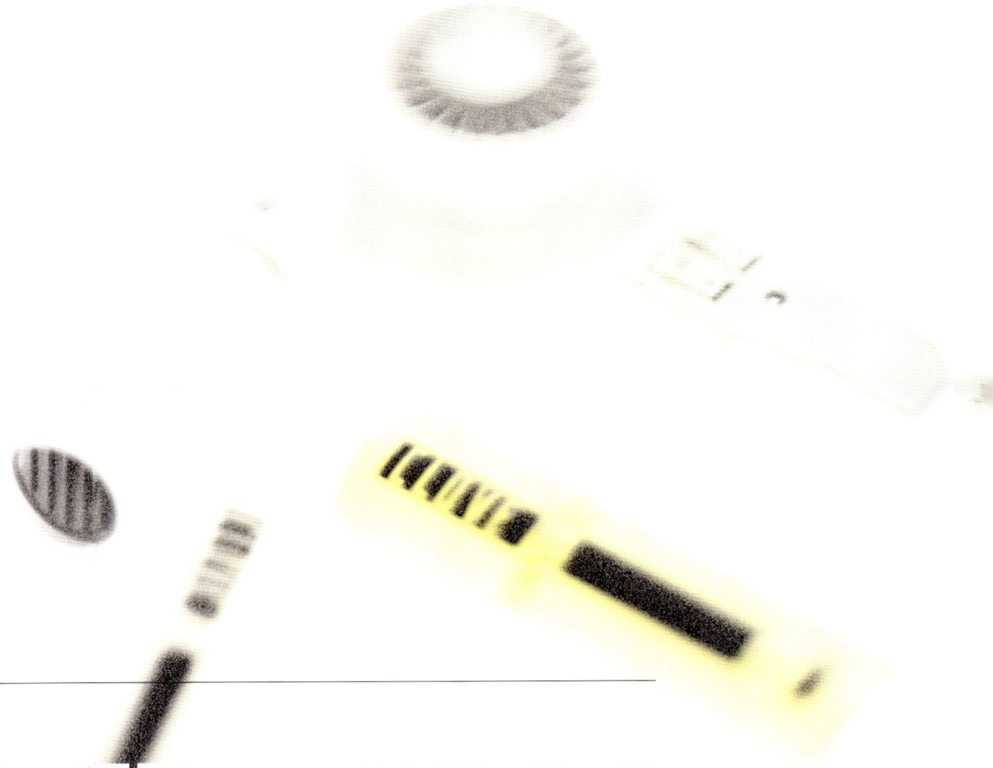

仕上がり

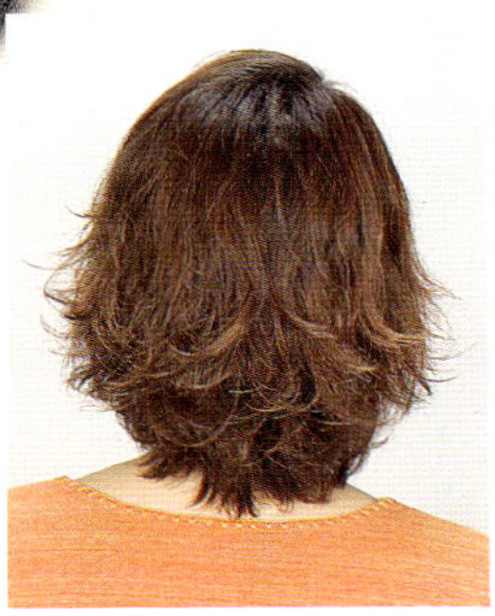

CASE STUDY 3

ダメージの有無によるコンディションの違いへの対応

テクニックポイント
ダメージ部分のみに薬剤を塗布する
太さや角度の違いを利用して立体感をつけるコンビネーションパーマ

❶前処理

損傷部分である中間から毛先に保湿感とうるおいを与える→コラーゲンPPT
間充物質が抜けている毛先へのフォロー→ケラチンPPT
毛先の浸透時間を遅らせる（減力）→コンディショニング剤

1. 全体に浸透水（ハイドロール）を塗布し、損傷部分である中間から毛先を中心に保湿感とうるおいを与えるためにコラーゲンPPTを塗布します。

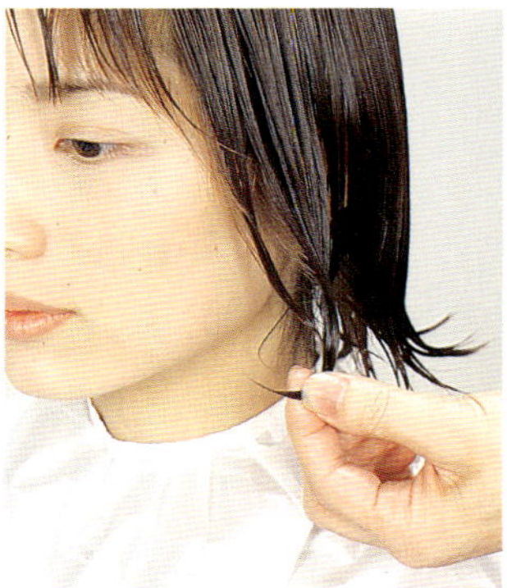

2. カールのつきやすさを見るために、握ってみて髪のコシがあるかチェツクします。

3. カールのクセづきの弱い毛先中心に、ケラチンPPTを塗布します。

❷ 1剤塗布とワインディング

ボリューム調節→毛先巻きと中間巻きによるコンビネーション巻き
きれいになじませる→縦スライスではボリュームは出ず、横では出すぎてしまうので斜めスライスでワインディング

ここでは根元中心に塗布するので、毛先には改めて塗布せず、根元から自然に落ちてくるくらいの量の薬剤がつくくらいで充分です。

1. 根元中心にシス系の1剤を塗布し、コームの峰を使わずにノーテンションでコーミングします。

2. トップの1本目は動きをつけるために、23㎜径ロッドを使い、毛先から平巻きで根元まで巻きます。

3. ボリュームを出すために、23㎜径ロッドをアップステムで中間巻きしていきます。

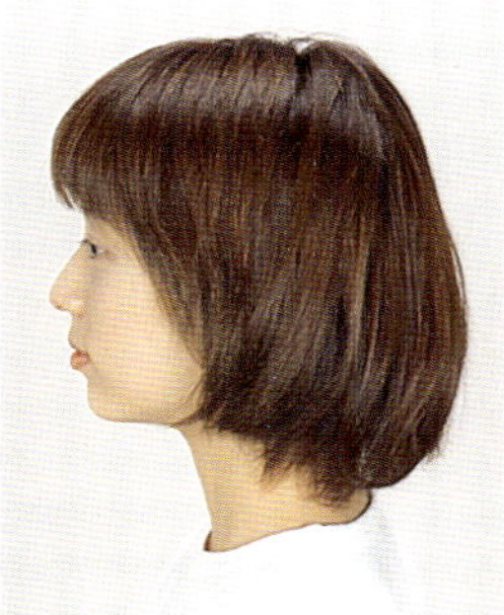

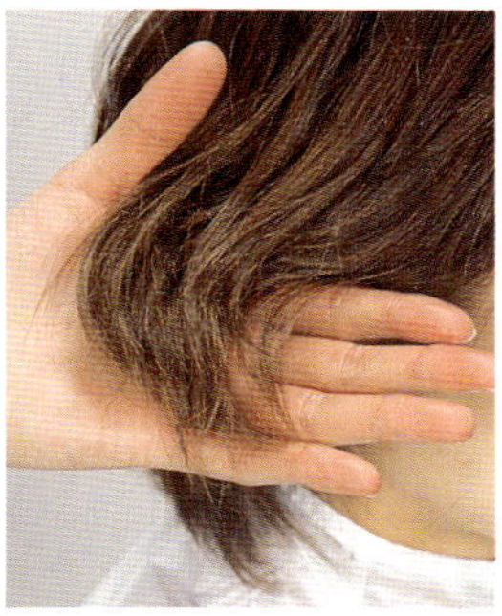

before

髪質／太さと毛量は普通。やや硬めでハリがある
クセ／前髪やネープに、つむじなどの生えグセが多い
つむじはトップに2つ、前とネープに各1つ
ダメージ／根元から中間はバージン毛に近く
毛先はカラーとパーマのくり返しによるハイダメージで間充物質が抜けて乾燥している状態

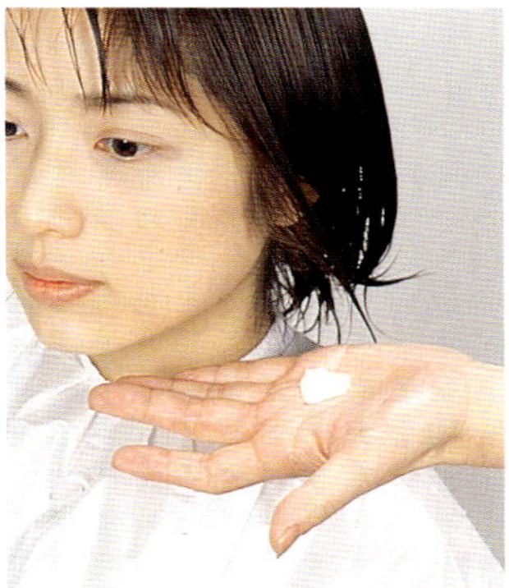

4. 根元と毛先の薬剤浸透の時間差をなくす、つまり毛先の浸透時間を遅らせる（減力）ために、コンディショニング剤を写真の量くらい使います。

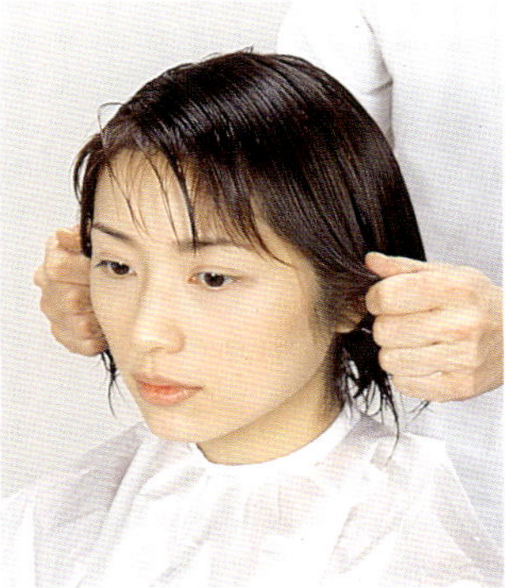

5. まず中間から毛先部分を握るようにして塗布します。

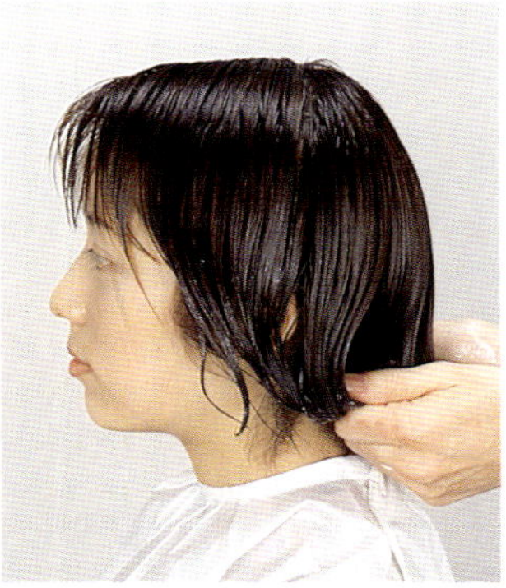

6. 軽くコーミングして、損傷の激しい毛先部分には、さらにしっかりと塗布します。

4. サイドのトップから中間につなげる部分は、ダウンステムぎみで中間巻きと毛先巻きの組み合わせで全頭巻いていきますが、ここでは20㎜径ロッドで中間巻きしています。

5. ペーパーの端と端をしっかり押さえて毛先を全体的に包み込むように巻きますが、ペーパーから毛が出ていると、毛先のバラつきやパサつきの原因になります。

6. ギッシュの部分は17㎜径ロッドをダウンステムで、毛先は逃がしぎみに軽くうねるように巻きます。

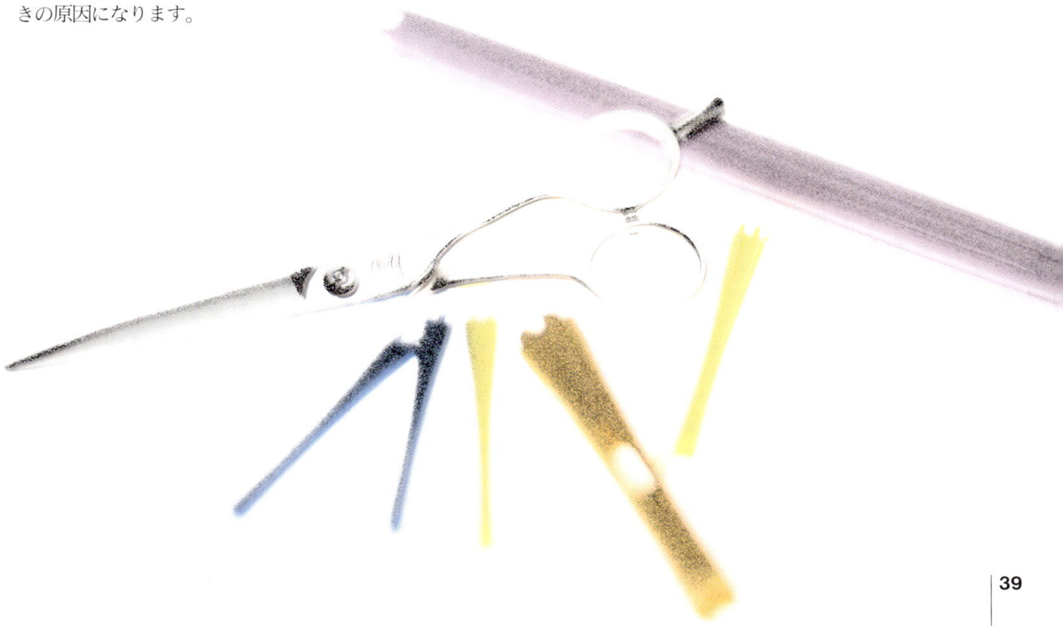

❸巻き上がり

ムラがかりを避け、１剤の浸透を促進させるため、１剤塗布の前に浸透水を塗布します。
ここでは１剤は自然放置で３分弱、２剤は５分＋５分の２度づけです。

❹ロッドアウト

❺スタイリング

高さの欲しいトップは根元のみ軽くスクランチドライ

ウエーブスタイルで巻いているため、スタイリングでは根元を乾かして自然乾燥します。

1. 根元のみ軽くスクランチドライします。

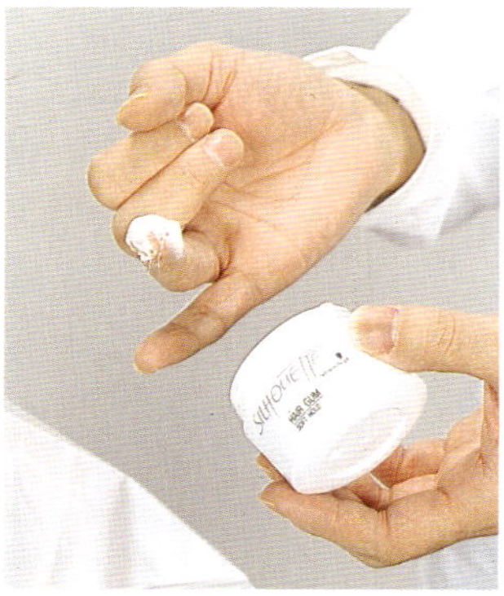

2. 中間から毛先が湿っている状態で、ファイバー系のワックスを写真の分量くらいを数回に分けて使います。これは、油分は少なめで適度にセット力があるものです。

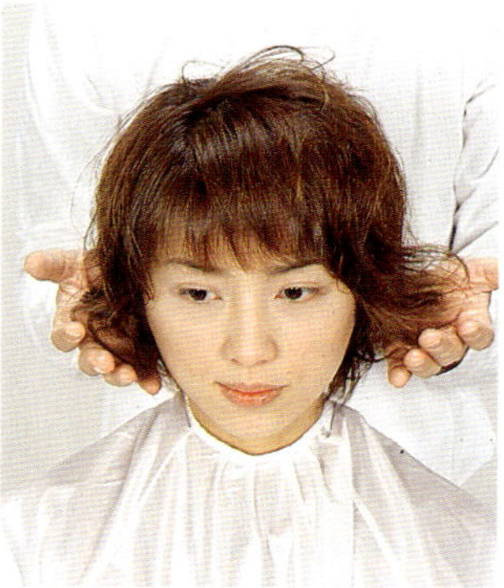

3. 下から包み込むように握り、

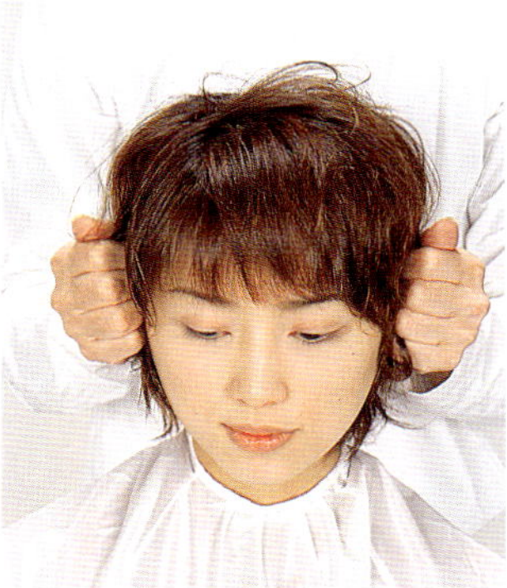

4. 床と平行に毛先を持ち上げます。

5. すべらすようにスタイリングしていきます。

仕上がり

CASE STUDY 4

ダメージ毛の弱めのクセとパーマ伸ばし

テクニックポイント

髪のコンディションを変える前処理がポイント
かかっているパーマを落として、ストレートにする
(弱めのクセをストレートにする・ボリュームダウン)

❶前処理

乾燥している部分→パーマ剤が強く作用するので浸透水はしっかりめに
パサつきを抑えて保湿感を与える→コラーゲンＰＰＴ
ダメージの強い部分→コンディショニング剤で１剤が作用する力を半減させる

1. パーマ剤の浸透を補うために、全体に浸透水（ハイドロール）を塗布し、１分間放置します。

2. パサつきを抑え、保湿を目的にコラーゲンＰＰＴを、中間部分を１、毛先に２の割合で（スプレーで中間を１プッシュ、毛先には２プッシュ）塗布します。

3. ダメージがあり髪が細いため、そのままストレートパーマ剤を塗布するとチリつくので、薬剤の保護と浸透を遅らせるために、コンディショニング剤は多めに使います。

❷ストレートパーマ／１剤塗布

ダメージ部分→オーバータイムにならないように手早く塗布

1. 2. ていねいに塗ってコーミングするのではなく、全頭に置くように手早く塗布します。

3. 手早くコーミングし、塗りムラがないことを確認します。

before

髪質／柔らかくて細く、毛量はやや多め
クセ／猫っ毛、生えグセ程度
ダメージ／パーマやカラリングのくり返しにより特に毛先にハイダメージ

4. ダメージの強い中間から毛先にかけて塗布します。

5. マッサージするように指を通しながら塗布します。

6. ダメージしている部分のコンディションが落ち着いていくことを確認します。

4. １剤を塗り終えた状態。このとき、髪の毛はボリュームダウンしていきます。

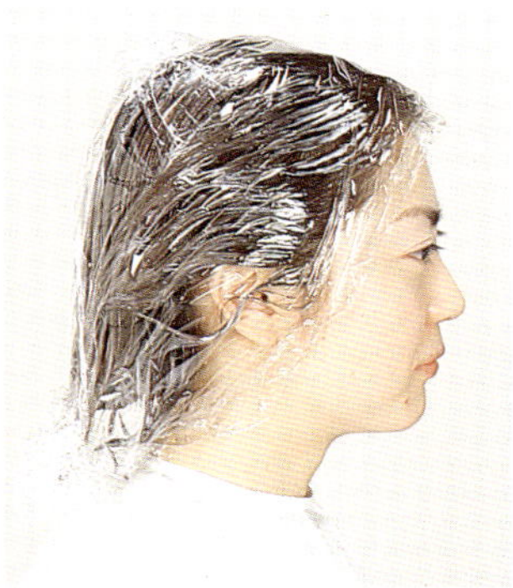

5. ラップして自然放置で４分おきます。

6. チェックは、軽くコーミングをしてカールがなくなっていればＯＫです。この後、中間水洗します。

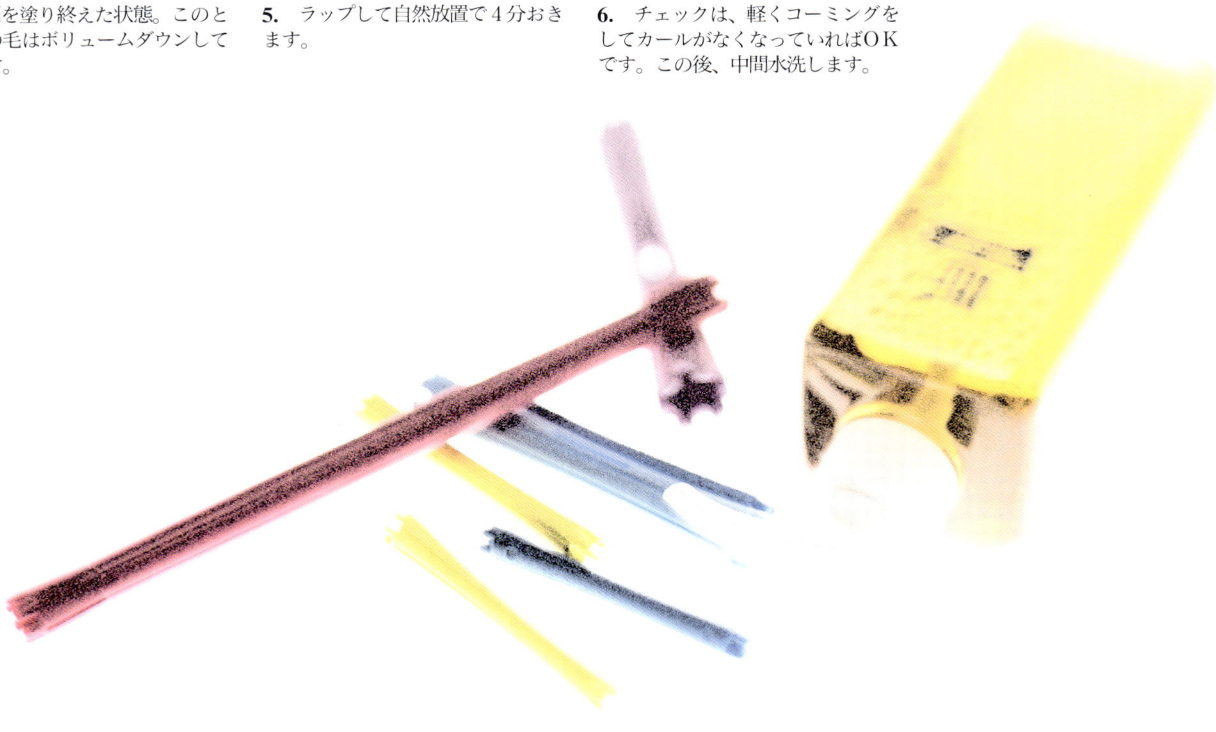

❸中間処理

処理剤は多すぎず、少なすぎず適量→２剤の作用を有効に促進させるため
パサつきを抑え、保湿感を与える→コラーゲンＰＰＴ＋コンディショニング剤

1. パサつきを抑え、保湿感を与えるために全体にコラーゲンＰＰＴを塗布します。

2. 軽くコーミングします。

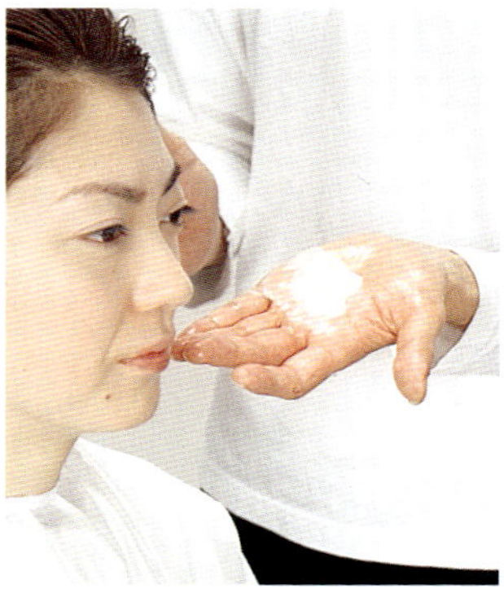

3. 次にコンディショニング剤を塗布します。

❹ストレートパーマ／２剤塗布

処理時間のムラをなくす→手早く塗布してコームスルー

1. １剤と同様に、根元に置くように塗布した後、毛先まで手早くコームスルーしていきます。

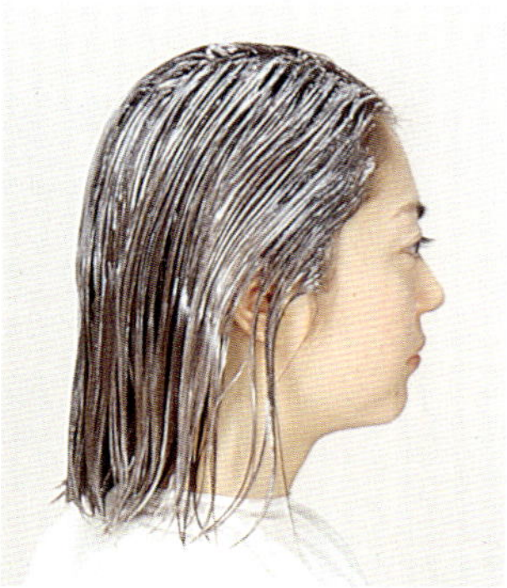

2. 塗り上がりの状態。ここでは自然放置で15分おきます。

❺かかり上がり

❻スタイリング

外に軽くはねるようなスタイリングがポイント

1. まず根元を乾かして内巻きにブローし、大きめのロールブラシで外にはねるようにブラシを入れます。

2. 少しくずすように根元をスクランチドライし、毛先を散らすようにします。

3. 油分の少ないファイバー系のワックスを少量使い、毛束を持ち上げ、中間から毛先まですり込むようにつけます。

4. 握り込むように塗布し、髪に重さがつくまでもみ込みます。

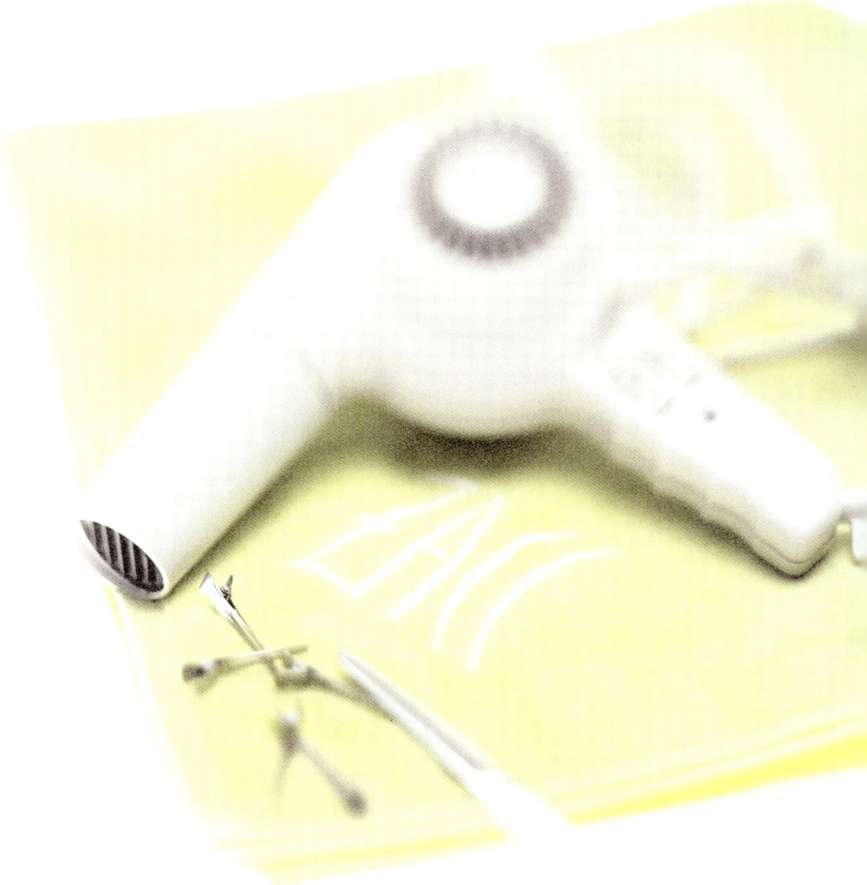

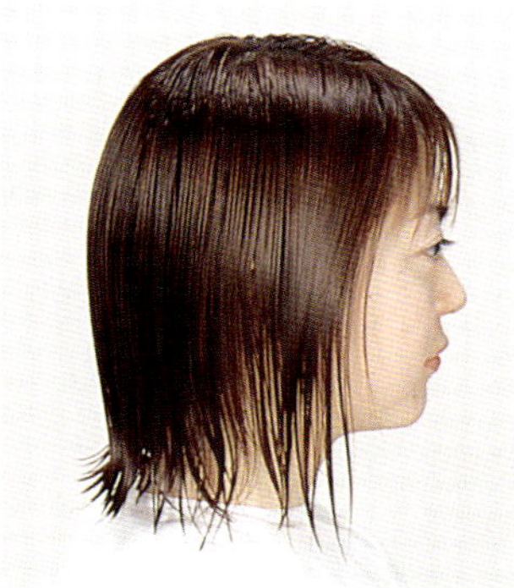

仕上がり

CASE STUDY 5

パーマチェンジ
クセ毛を伸ばして毛先にカール

テクニック・プロセス

1. クセ毛への対応=クセ毛をストレートパーマで伸ばす
2. 通常のパーマ=毛先にカールを作る

❶前処理

ＰＰＴを毛髪内部に確実に定着させる→加熱処理
パサつきを抑えて保湿→毛先にコラーゲンＰＰＴ
毛先のダメージを保護して薬剤の浸透を遅らせる(減力)→毛先中心にコンディショニング剤

1. パーマ剤の浸透を補うために、全体に浸透水（ハイドロール）を塗布します。

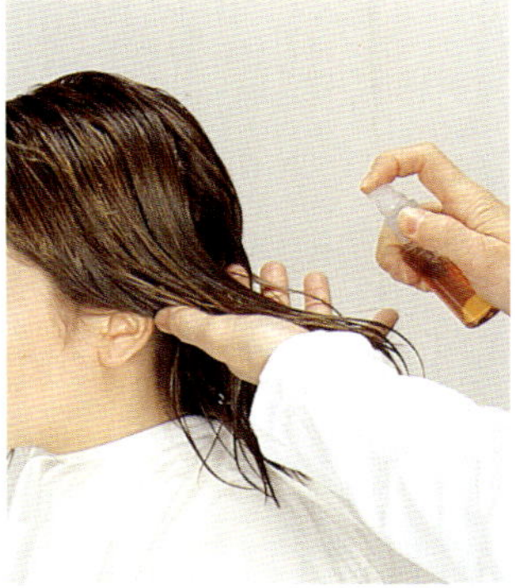

2. 髪にうるおいを与え、パサつきを抑えるために毛先にコラーゲンＰＰＴを塗布します。

3. 毛髪内に定着させるため、全体にドライヤーで乾かします。

❷ストレートパーマ／１剤塗布

毛先にカールを作る→クセ毛をストレートパーマで伸ばす
根元から毛先まで一気に塗布

通常では根元と毛先は分けて塗りますが、ここではかなりのハイダメージで薬剤の浸透が速いため、短時間で処理しています。また、前処理の際、コンディショニング剤を毛先の方に多めにつけているので、薬剤の毛先への浸透が遅れるため、根元の浸透の時間差を考えることなく、一気に塗布することができます。

1. 2. ここでの一番のポイントは、根元から毛先まで手早く塗布することです。

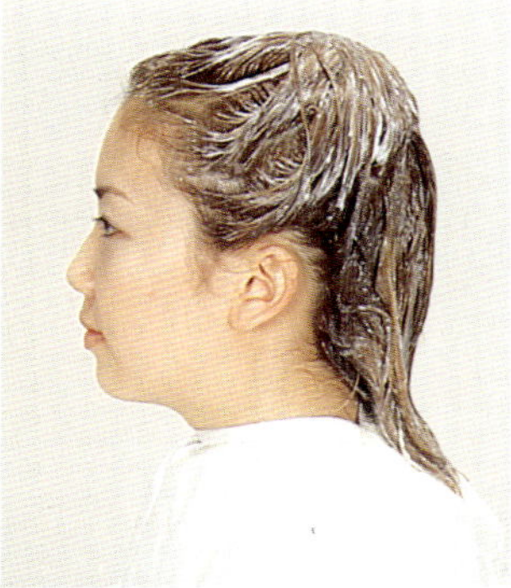

3. 薬剤塗布の終了の状態。ラップをして自然放置で３分おき、中間水洗します。

❹1剤塗布とワインディング

シス系の薬剤を毛先のみに薄く塗布
毛先にカールを作る→ノンテンションでスライス幅は厚めに手早く巻く

根元にストレートパーマがかかっており、毛髪の結合が切れているので、テンションをかけると断毛、縮れの原因になります。

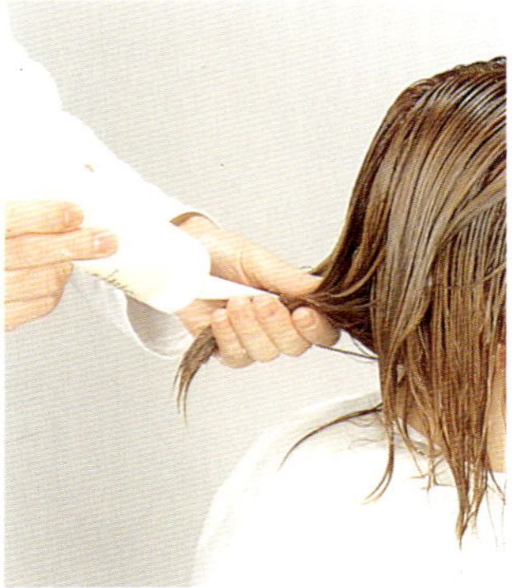

1. このままではパーマがかかりづらいため、そのプラスアルファとして毛先のみに1剤を薄く塗布します。

2. ワインディング。ここで薄く巻くと毛先がチリチリになるので、スライス幅は厚めにします。

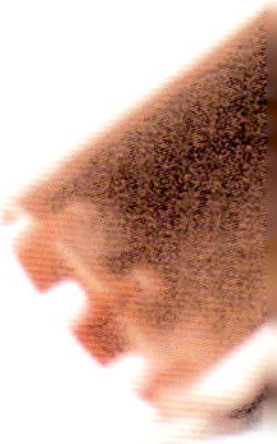

before
髪質／細く、柔らかく、多い
クセ／全体にふくらむクセ、根元にうねるクセ
ダメージ／ブリーチ毛、全体にハイダメージ

4. ここでは傷みがひどいため、浸透水が全体に充分行き渡るように、再度塗布します。

5. コンディショニング剤は写真の分量を３回に分けて塗布します。

6. 毛先のダメージが強いため、髪を上に持ち上げ、根元につかないように毛先中心につくように塗布しています。

❸中間処理

パサつきを抑えて保湿→根元にコラーゲンＰＰＴ
パーマのダメージを抑えてハリとコシを出す→毛先にケラチンＰＰＴ
ダメージを保護→全体に薄くコンディショニング剤を塗布

1. 髪にうるおいを与え、パサつきを抑えるために根元にコラーゲンＰＰＴを塗布した後、全体にムラなくつけるために軽くコーミングします。

2. この後で毛先にパーマをかけるので、ハリ、コシを出し、毛先がダレないように、ケラチンＰＰＴを塗布しますが、よく浸透させるために握るようにもみ込みます。

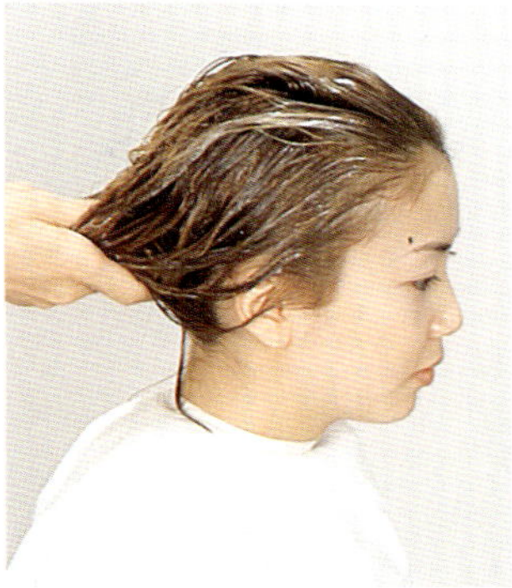

3. コンディショニング剤は前処理で使用するときの三分の一くらいの量を塗ります（ここで量を多くすると２剤の作用を阻害したり、パーマだれの原因となります）。

❺巻き上がり

ここでは斜めスライスでステムを下げたダウンステムの内巻きベース。表面のみ後ろに軽く流したいため、リバースに巻いています。
ロッド径はネープ20㎜、中間23㎜、その上が26㎜のビッグロッド、表面の流れているブロックは29㎜のビッグロッドです。
1剤は自然放置で3分おきます。

❼ 2剤／塗り上がり

❽テストカール

塗布し終えたら、即テストカールをします。外したとき、引っ張らず、自然な位置に落として、カールの形状を見ます。
この後に2剤を塗布しますが、5分＋5分の2度づけです。

❿ストレート部分とパーマ部分のつなぎをぼかす

ロッドオンのまま2剤塗布するので、ネープから塗布ムラなどをチェックし、ストレート部分とパーマ部分の中間に2剤を塗布してぼかします。
この後、3分間放置して2剤処理をします。

⓫スタイリング

パーマを生かし、毛先のカールを取らないようにする

ワックスは中間から毛先中心につけ、毛先を軽く散らすようにすることがポイントです。

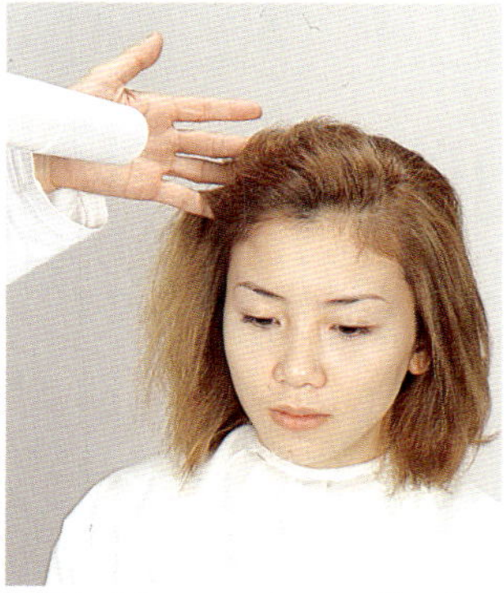

根元を中心にドライヤーの熱を当てて内巻きにブローした後、ワックスをつけて仕上げます。

❻ 2剤塗布

手早く塗布

ロッドの巻いていないストレートにしたい部分に塗布します。

❾ロッドアウト

仕上がり

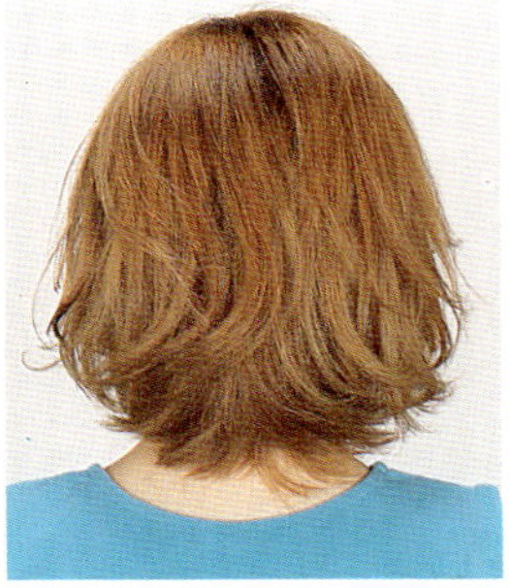

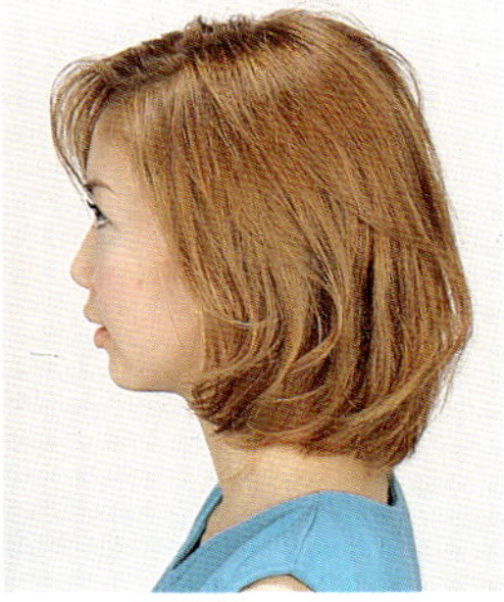

CASE STUDY 6

ダメージ毛への ストレートパーマ

テクニックポイント

前・中間処理で髪のコンディションを整える
ストレートパーマでボリュームダウンしてサラサラの髪質に

❶前処理

コームが入らないくらいのダメージ→根元からコームがすっと入るようにコンディショニング
毛先のダメージを保護して薬剤の浸透を遅らせる(減力)→毛先を中心にコンディショニング剤

1. 薬剤の浸透を補うために、全体に浸透水(ハイドロール)を塗布します。

2. 髪の毛全体にうるおいを与え、パサつきを抑えるために、コラーゲンPPTを根元から毛先まで均等に塗布します。

3. 毛先にコンディショニング剤を写真の分量を3回に分けて塗布します。1回目は毛先にすり込むように、2回目は中間部分に、3回目はまた毛先につけます。

❷ストレートパーマ/1剤塗布

塗布する際はテンションをかけすぎず、パネルをとかしつけずに軽く持ち上げる

1. 初めに塗ったところと最後に塗ったところとの時間差をつけないようにして、根元から中間までを手早く塗ることがポイントです。

2. 塗布ムラのないように、パネルを下の方から1枚1枚をていねいに塗っていきます。

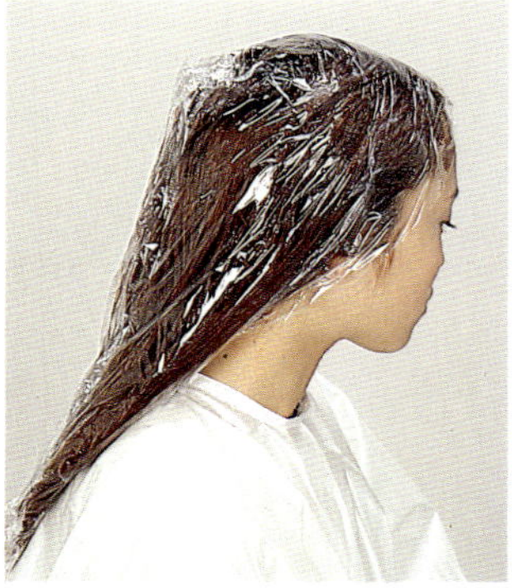

3. ラップをして、自然放置で2分おきます。

6. 根元に負担がかからないように、コーミングは角度を下げすぎないことが大切。

7. 8. テンションをかけずに、毛先までそっと伸ばすように塗ります。この後、自然放置で2分おきます。

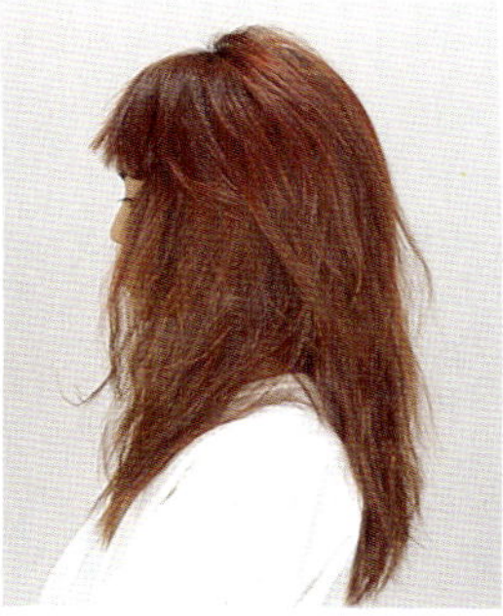

before

髪質／やや太くて硬く、毛量は多め

クセ／縮毛で、全体に広がりやすく、うねるクセ

ダメージ／ストレートパーマとハイトーンのカラリングのくり返しにより、特に毛先はハイダメージ。枝毛がある

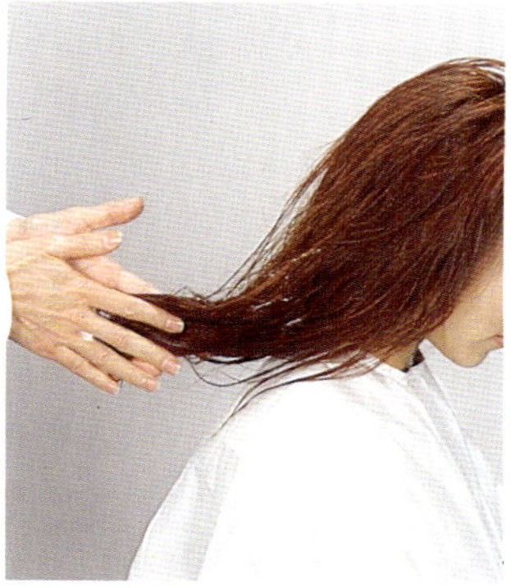

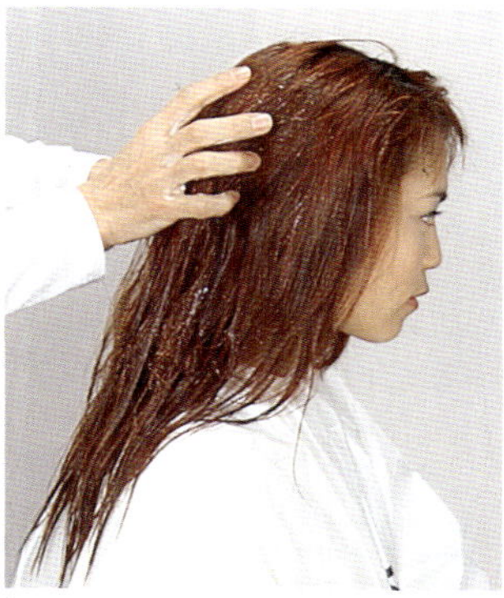

4. 5. 6. 2回目は中間から毛先までオーバーラップするように伸ばして、毛先にたくさんつくようにしています。

4. 5. 根元から中間は薬剤を置いて握るようにして、スピーディにするためアバウトに乗せるようにします。その後、毛先はコームスルーで伸ばすようにします。

❸テスト

根元からそっとコーミグして手の上に乗せ、写真のように湾曲させ、落としたとき毛先がうねっていなければOK。この後、中間水洗します。

❹中間処理

1剤で結合が切れて不安定な状態のときは薬剤が浸透しやすい→必要なタンパク質やコンディショニング剤を補給しておく

コラーゲンＰＰＴとコンディショニング剤の量は前処理の３分の１くらい→前処理は薬剤の浸透を遅らせ、中間処理では浸透が目的のため(ここで塗布量が多すぎるとパーマ剤の定着が悪くなるため)

コーミング→峰を使ってテンションをかけずに、そっととかす

1. コラーゲンＰＰＴを全体に塗布します。

2. コームの峰を使ってテンションをかけないように、そっとコームスルーします。

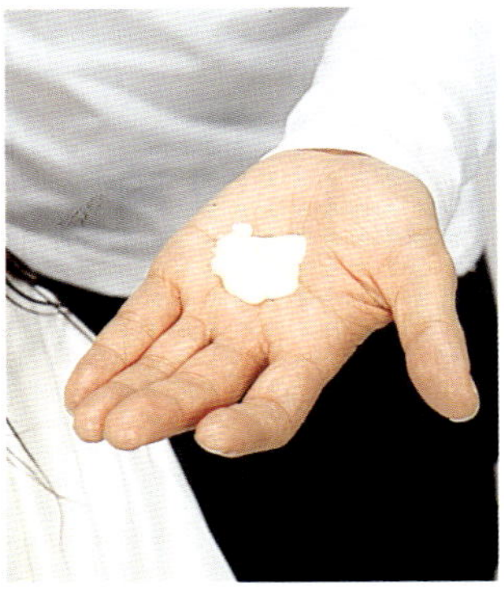

3. 写真の分量のコンディショニング剤を塗布します。

❺２剤塗布

手早く塗布する→根元と毛先は分けて塗布

処理剤の浸透を均一にする→中間処理から２剤塗布までは２～３分おく

1. 根元の方に角度を下げて塗布します。

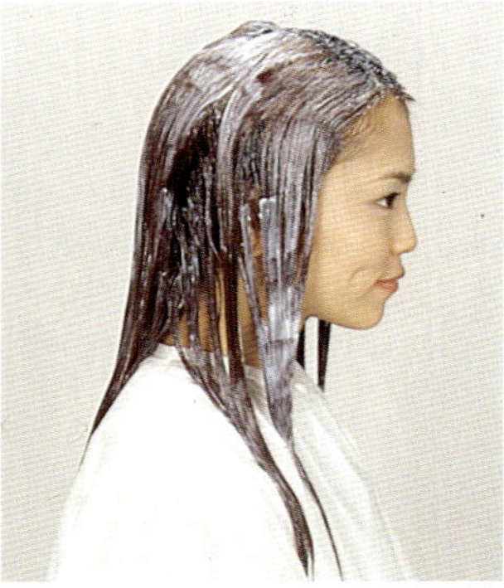

2. まず中間に塗り、根元をチェックしながら、毛先は手早くコームスルーして薬剤を伸ばします。ここでは自然放置で15分おきます。

❻かかり上がり

❼スタイリング

根元の水分を残すために、根元中心に乾かす

1. まず根元の方からブロードライします。

2. ストレートパーマにより、下から風を入るとになびくように、しなやかさが出ています。

3. デンマンブラシを使ってシェーピングブローし、内巻きにブローして仕上げます。ここでは中間から毛先まで油分系のワックスを少量つけています。

4. 上のレイヤーが入っている部分は根元付近から持ち上げ、コンディショニング剤を均等に塗布します。

5. 下の毛はレイヤーが入っていないので下に落としてつけます。

6. テンションをかけないように、そっとコームスルーします。

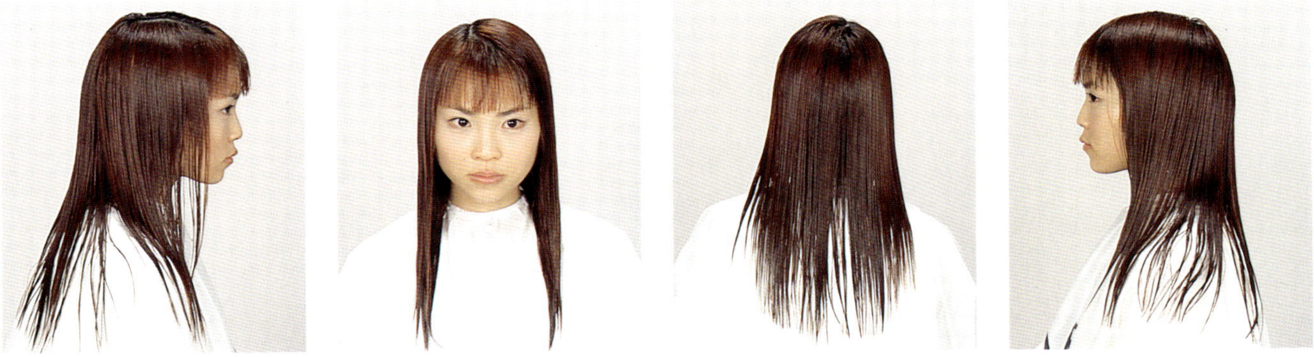

仕上がり

CASE STUDY 7

ダメージ毛にリッジの出るウエーブ

テクニックポイント
ハリのあるところ、なくなっているところのバランスを整えながら、しっかりとしたウエーブを作る

❶前処理

パサついたハリのないハイダメージ毛→コンディショニング剤＋ケラチンＰＰＴ
太くて硬い髪にしなやかさ→コラーゲンＰＰＴ

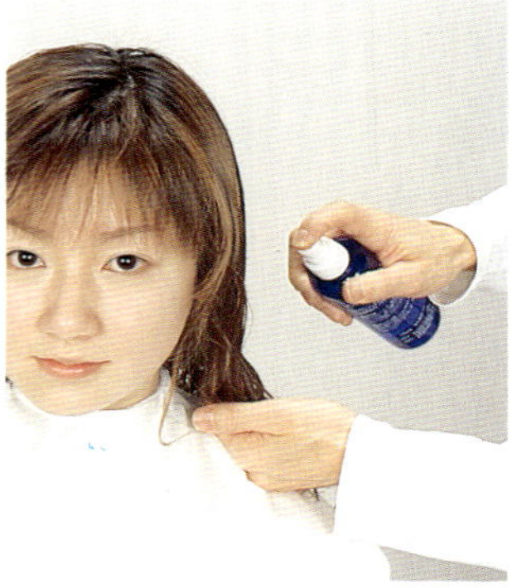

1. 全体に浸透水(ハイドロール)をしっかりと塗布します。

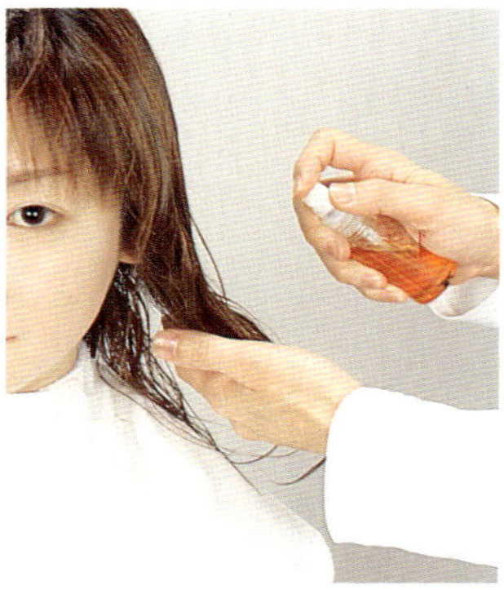

2. 傷みのある毛先はカールが抜けやすいので、ケラチンＰＰＴを塗布します。

3. 水気を飛ばすくらいにドライし、髪の毛の中にケラチンＰＰＴをしっかり定着させます。

4. 全体にうるおいを与えて薬剤を浸透しやすくするために、再度、浸透水を塗布します。

5. 太くて硬い髪質にしなやかさを出すため、軽くコラーゲンＰＰＴを塗布します。

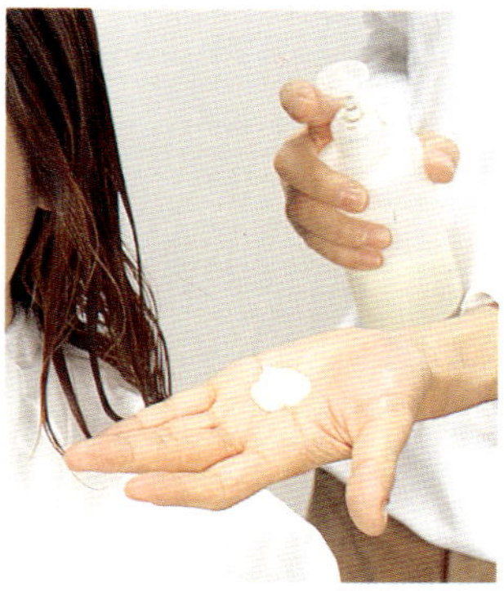

6. ダメージ毛への薬剤の浸透を遅らせ、パサついた髪にうるおいを与えるために、コンディショニング剤を写真の量くらいを２回に分けて塗布します。

❷１剤塗布とワインディング

トップに高さを出し、中間からネープはややダウンステムで巻いたコンビネーションパーマ

1. ジグザグにパートを取り、根元からシス系の薬剤を塗布します。

2. しっかりと握り込むように塗布し、全体に浸透させます。毛先の方は、根元からたれてくるくらいの量で充分です。

3. 顔回りは自然な立ち上がりをつけるために、20㎜径のロッドで毛先を逃がしながらフォワードに中間巻きします。

before
髪質／太くて硬く、毛量は多い
クセ／特になし、とれかかったパーマが少し残っている
ダメージ／ブリーチ毛に近いくらいのハイトーンのカラリングにより特に毛先にハイダメージ

7. 握るようにしてなじませます。

8. 上の方には均等につけるために、持ち上げてつけます。

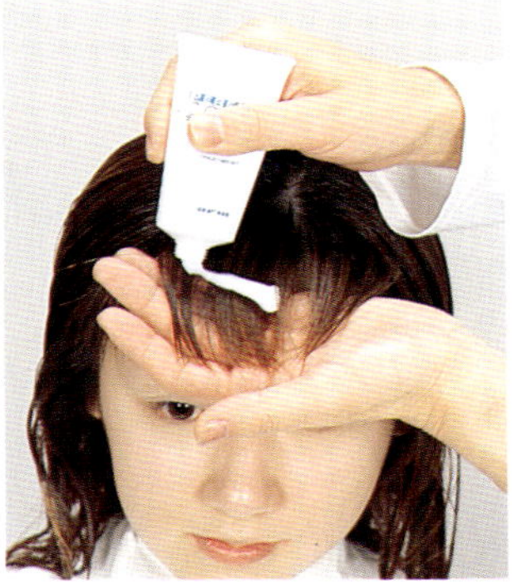

9. パーマをかけない前髪に薬剤が浸透しにくいように、通常のトリートメント剤を塗布します。

4. 高さを出すために、16㎜径のロングロッドを使い、ややアップステムでフォワードに中間巻きします。

5. 16㎜径のロングロッドで、毛先を逃がしてダウンステムでスパイラル巻きします。

6. 14㎜径のロッドを使い、ダウンステムで中間巻きします。

❸巻き上がり

ムラがかりを避け、１剤の浸透を促進させるため、１剤塗布の前に浸透水を塗布します。
ここでは自然放置で４分おきます。

❹テストカール

引っ張らないようにそっと外して落としたとき、求めるカールが出ていればＯＫです。
２剤は５分＋５分の２度づけです。

❺ロッドアウト

❻スタイリング

きれいなカールをくずさないように空気感を出す

パーマによるリッジに空気感や軽さを出すために、エアワックスを使います。このときガスが入っているので、中の方に空気感を出すことができます。

仕上がり

CASE STUDY 8

コンビネーションパーマ ダメージ毛に質感の違いを出す

テクニックポイント
巻き方を変えることでカールとウエーブ、うねりの違いを出す

❶前処理

かなりのハイダメージ毛→コンディショニング剤
間充物質を補充してハリを出す→ケラチンＰＰＴ
保湿感を与える→コラーゲンＰＰＴ

1. 全体にうるおいを出すために浸透水（ハイドロール）を塗布します。

2. 水気を飛ばすくらいにドライします。

3. 髪の毛の中に浸透水のミネラル成分などをしっかり定着させるために再塗布します。これにより手ざわり感がかなり違ってきます。

6. 熱を加えることで毛髪内に定着しやすくなるので軽くドライし、薬剤の浸透をよくするために浸透水を塗布します。

7. 毛先は薬剤をつけない方がよいくらいのダメージ毛なので、薬剤の浸透を遅らせ、毛先に重さをつけるために、コンディショニング剤を３回に分けて塗布します。

8. まず毛先に１回つけます。

❷1剤塗布とワインディング

トップは立ち上がり、顔回りはうねり、その他の部分はそれらのコンビネーションで巻く

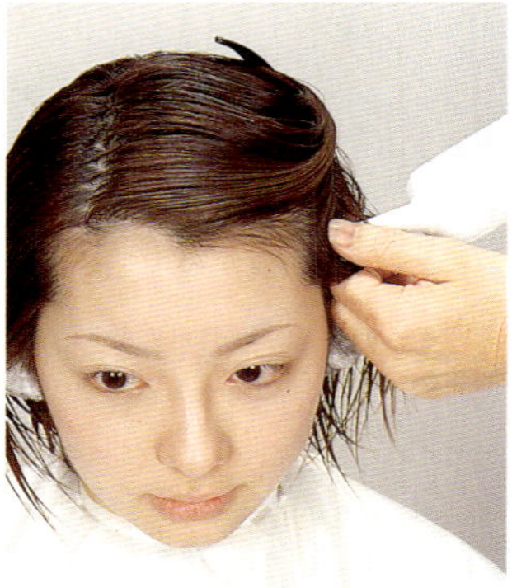

1. ここではシス系の薬剤を使用します。まず、指の腹で押さえるように根元中心にしっかりと塗布してから、コームスルーします。

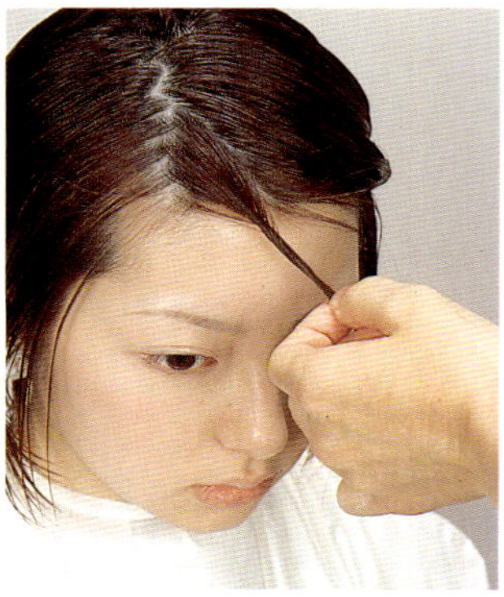

2. ジグザグスライスを取り、後ろのカールと前髪をなじますために２回転くらい軽くねじります。

3. 前髪を23㎜径ロッドで巻きます。

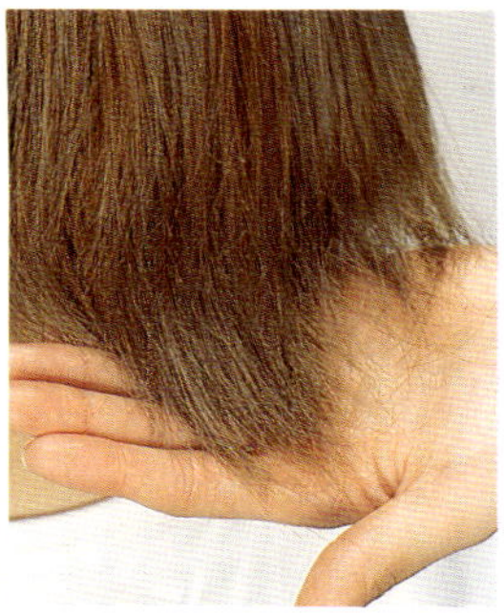

before
髪質／細くて柔らかく、毛量は普通
クセ／特になし
ダメージ／ハイトーンのカラリング毛で毛先はチリついたブリーチ毛

4. 保湿感を与えるために、全体にコラーゲンＰＰＴを少し離して（均等につけるために）少量塗布します。

5. 間充物質を補充し、ハリを出すためにケラチンＰＰＴを塗布します。

9. 次に根元の方から指を抜くようにつけ、最後に毛先にもう１度つけた後、コーミングします。

4. ギッシュは17㎜径ロッドでダウンステムで毛先逃がしぎみ、上の方は徐々にボリュームが出るように中間巻き、一番下は毛先巻きで２回転して上のウエーブとつなぎます。

5. ここは長さがあるので、ダウンステムで中間巻きします。

6. トップはボリュームを出すために、アップステムで中間巻きします。

❸巻き上がり

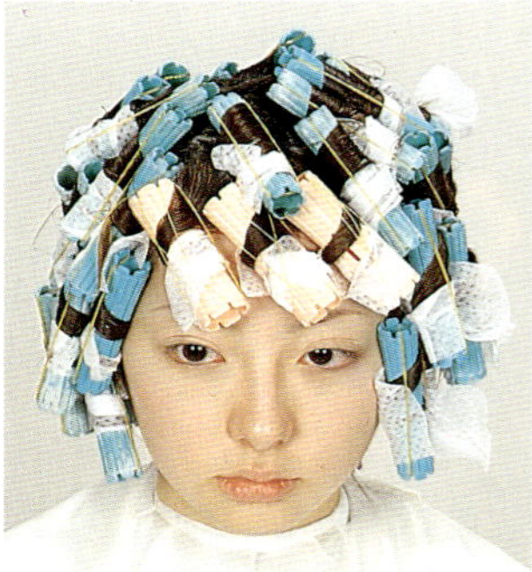

❺テストカール

引っ張らずにそっと外してから、カールの状態を見ます。
２剤は５分＋５分の２度づけです。

❻ロッドアウト

❼スタイリング

空気感と動きのあるスタイリングがポイント

1. まず根元から乾かしますが、毛先までよく自然乾燥した後、空気感を出すために軽く根元を浮かしてエアワックスをふります。

2. エアワックスで足りないところは普通のワックスを補ってまとまりをつけ、軽くねじって根元を押さえてくずしていきます。

3. 少し固まるくらいのスプレーで、はねるようなタッチを作ります。

❹浸透水を塗布

ムラがかりを避け、1剤の浸透を促進させるため、1剤塗布の前に浸透水を塗布します。
１剤は自然放置で３分おきます。

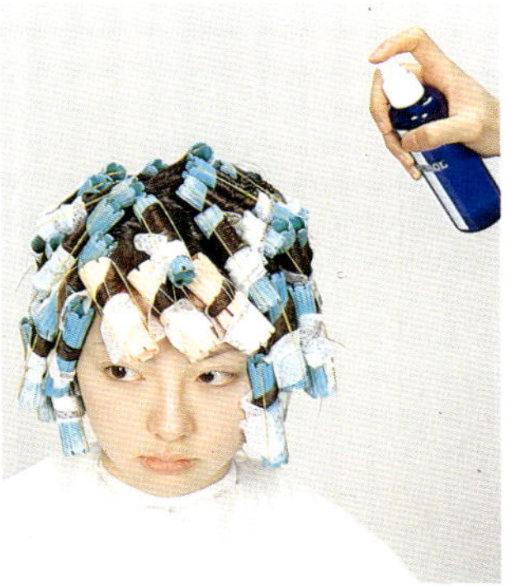

仕上がり

CASE STUDY 9

パーセンテージパーマ（=部分的パーマ）

テクニックポイント

パーマをかけない部分と、パーマのカールの構成によるノンブロースタイル
ねらったところに動きやボリュームを出す

❶前処理

太く硬毛→しっとり感としなやかさを出すコラーゲンＰＰＴコンディショニング剤を毛先のみにつける→中間につかないように軽く持ち上げるようにしてつける

1.　パーマ剤の浸透を補うために、全体に浸透水（ハイドロール）をしっかりと塗布します。

2.　ややダメージのある毛先全体にコラーゲンＰＰＴを塗布します。

3.　写真の量くらいのコンディショニング剤を塗布します。

❷１剤塗布とワインディング

顔回りを巻かないことで老けた印象をなくす

ここでは根元中心に、巻く部分（カールを作る部分）のみにつけ巻きします。そこで水巻き以上に時間がかかるため、１本目と最後のロッドとの薬剤の作用時間の差が出ないように、手早くすることがポイントです。

1.　髪の毛を指の腹で押さえるようにして、シス系の1剤をしっかりと塗布します。

2.　全体的に23㎜と20㎜径のロッドを使い、ネープのみ17㎜径のロッドで毛先巻きします。ネープの上は、大きいロッドが毛先巻き、小さい方は中間巻きします。

3.　前髪以外の巻き残した部分は薬剤を作用させないため、トリートメント剤をつけておきます。

5.　根元以外にパーマ剤を作用させないため、トリートメント剤をつけてラップで包みます。

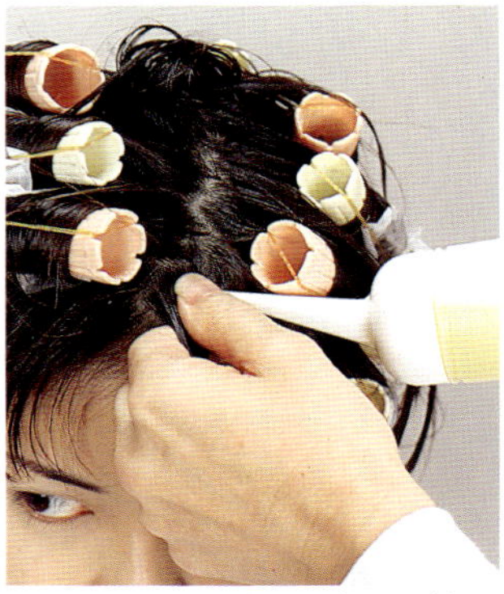

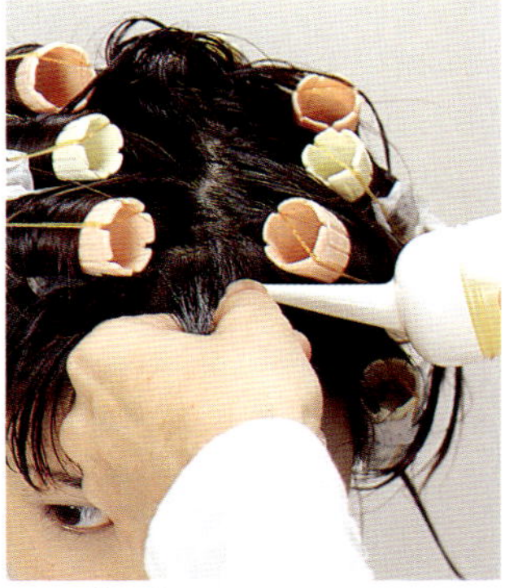

6. 7. 根元のみ１剤を塗布し、割れないように指で押さえるようにします。

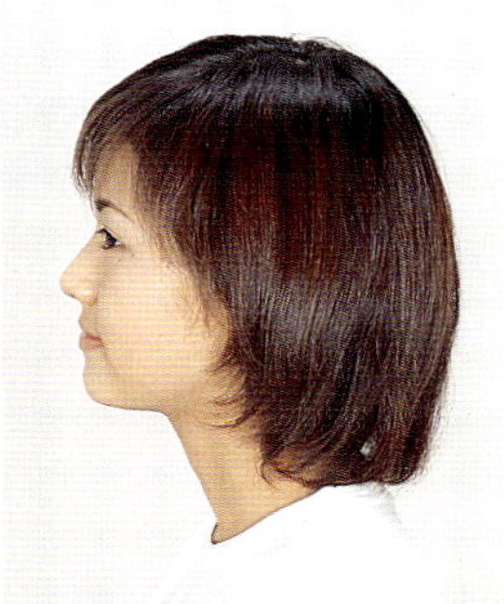

before
髪質／太くて硬毛で、毛量が多い
クセ／全体に広がり、うねるクセ。前髪が割れやすい
ダメージ／ノーマル毛に近く、毛先にややダメージ

4. 下の部分が中間までついてしまわないように、軽く持ち上げるようにして、毛先のみ塗布します。

4. 前髪の割れやすいクセのある部分の処理です。

8. 軽くコーミングしてから、ダウンステムで太めのロッドを巻きます。

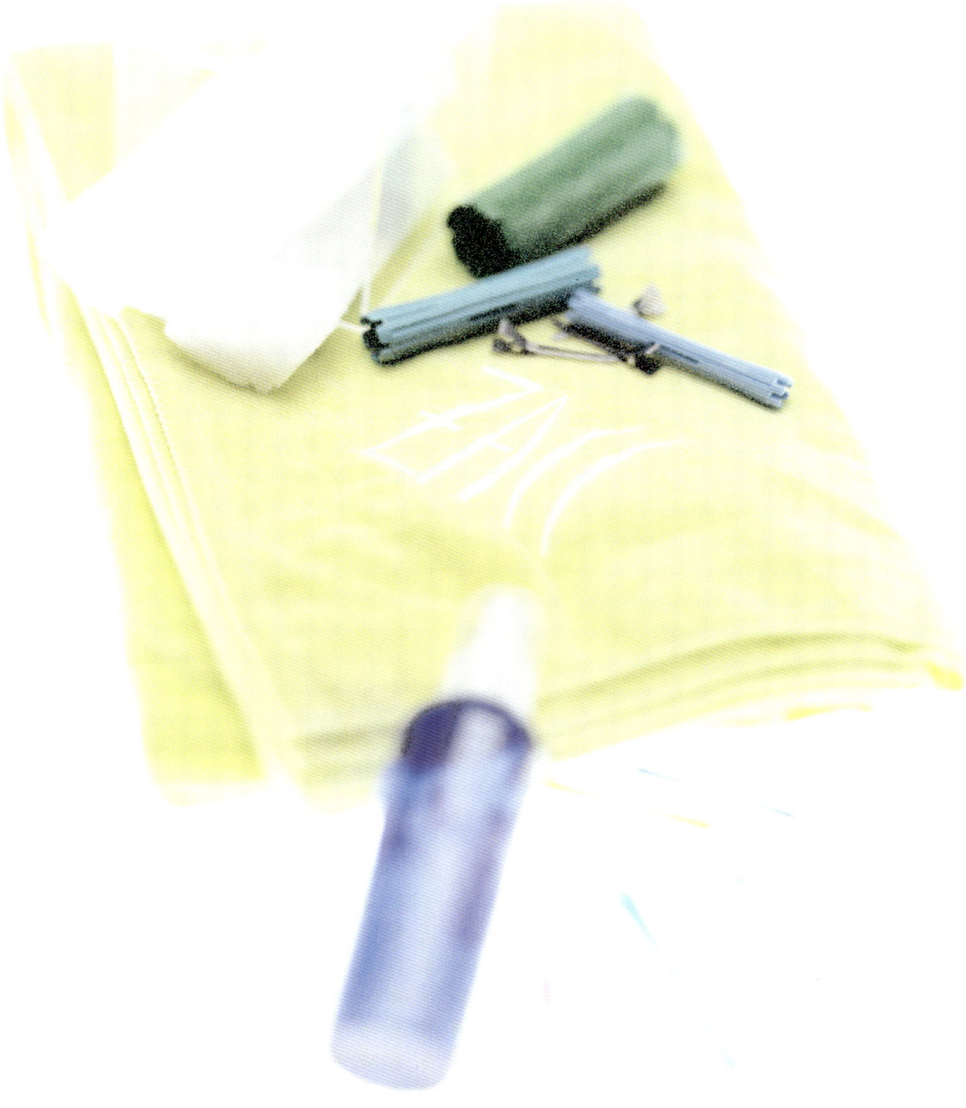

❸巻き上がり

ここでは自然放置で7分おきます。

❻ロッドアウト

❼スタイリング

巻いたところ、巻かないところの質感を生かしてスタイリング

ここではウエーブを生かすためブラシは使わず、まず根元をさっと乾かします。

1. スタイルのポイントとなるギッシュの部分は巻かずにストレート感を強調させるので、つまんで根元の方から風を当ててドライします。

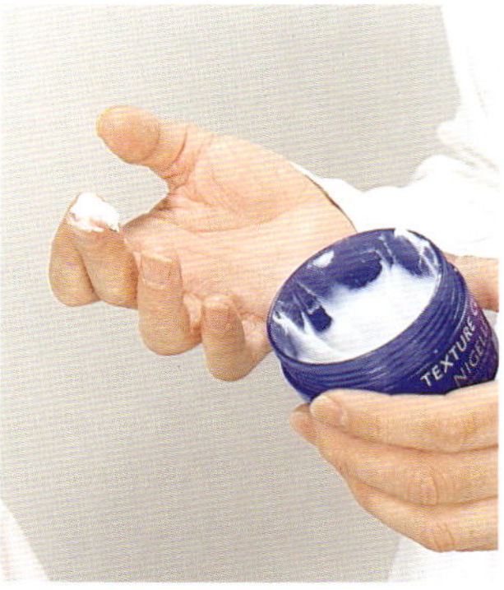

2. 油分のあるファイバー系のワックスを写真の量くらいを3〜4回くらいに分けてつけます。

3. 地毛のクセを生かした質感を出す部分にはファーバー系のワックスを、写真のように持ち上げて、中間から毛先につくようにします。

❹テストカール
求めるカールが出ていなかったら、再度放置してテストします。

❺ 2剤処理
巻かない部分の根元にも2剤をつけておいた方が、1剤が流れた場合にも対応できます。
ここでは自然放置で5分＋5分の2度づけです。

仕上がり

CASE STUDY 10

ダメージ毛へのクセ毛風パーマ

テクニックポイント
均一すぎない柔らかなウエーブによる構成

❶前処理

ハイダメージで間充物質が不足して毛先にパーマがかからない状態への対応
ハリとコシを補う→ケラチンＰＰＴ
保湿効果を与える→コラーゲンＰＰＴ＋コンディショニング剤

1. クシが通らないくらいのハイダメージの状態。

2. 全体に浸透水（ハイドロール）をよく塗布します。

3. 浸透水は１度乾かすと内部にミネラル成分が残り、髪の水分バランスがよくなるので、ドライしてから、

5. 毛先に間充物質が不足しているので、ハリやコシを補うためにケラチンＰＰＴを塗布します。

6. 全体に保湿効果を出すためにコラーゲンＰＰＴを少量塗布します。

7. かなりのダメージで水分が不足しているので、毛先中心にコンディショニング剤を塗布します。

❷１剤塗布とワインディング

アップとダウンステムのつながりがよくなるようにスライスは菱形状のベースに取る
前髪の割れている部分→２度づけして確実にする

顔回りは毛先のカールを出し、根元の立ち上がりはあまり出さないように、毛先から平巻きで３本。後ろの方は動きを出したいので、４本目からは根元巻き。その下は毛先巻き。ネープはダウンステムでロッド径を徐々に落としながら巻いていきます。

1. 前髪の割れている部分です。

2. 割れている部分のフォローを確実にするために先に巻きます。また、毛先のカールを少しつけたいので、軽くコーミングしてシス系の１剤を塗布します。

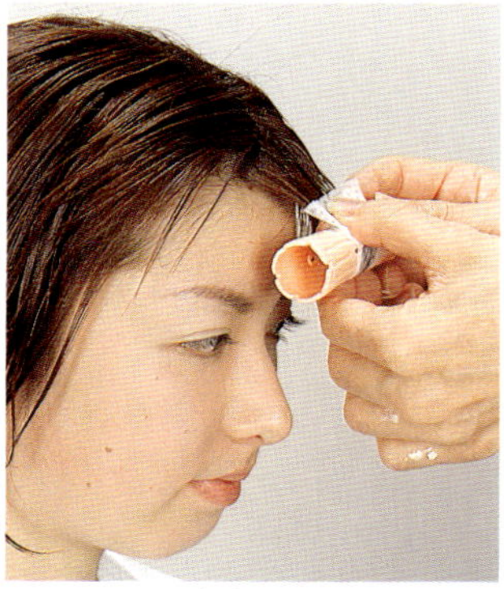

3. ステムの角度は下げて、23㎜径のロッドを使い、ダウンステムで根元まで巻き込みます。

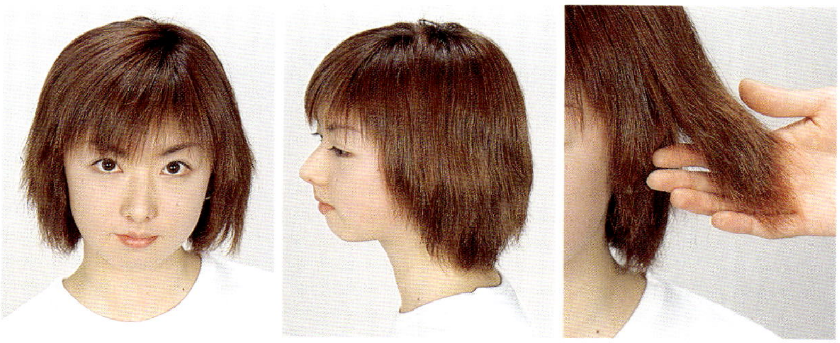

before
髪質／太くて硬く、毛量は多い
クセ／全体にふくらむクセ
ダメージ／パーマやカラリングのくり返しによりクシが通らないくらいのハイダメージ

4. 再度、浸透水を塗布します。

8. このとき、下から包み込むように薄くつけていきます。

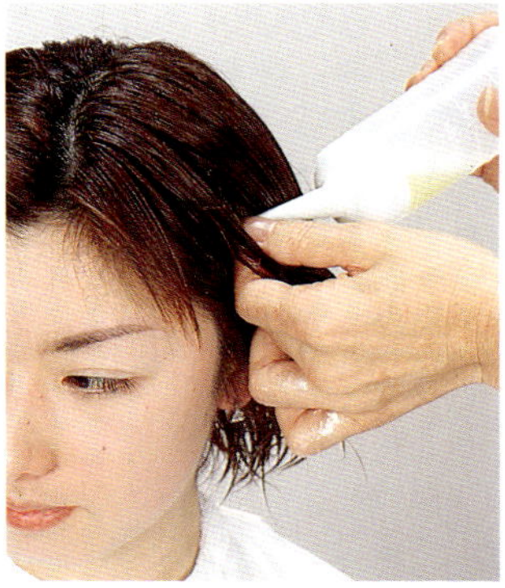

4. 1剤の浸透を確実にするために、指先でつまむように根元中心に塗布していきます。

5. ここでは菱形ベースで残し、上の毛は根元巻きします。

6. 残った下の髪は毛先巻きにします。ロッドの大きさは変えずに質感の違いが出るように、毛先から巻き込んでいきます。

❸巻き上がり

❺テストカール

外して毛先の入りぐあいをチェックしますが、中間のうねりが出ているのでOKです。2剤は5分+5分で2度づけします。

❻ロッドアウト

❼スタイリング

ブラシは使わずにウエーブスタイルを生かしてスタイリング

1. 根元を持ち上げて乾かし、中間から毛先が湿っている状態で、油分が多めのワックスが毛先中心につくように、持ち上げるようにつけていきます。

2. 握るようにしてから、横に広げるように放します。

3. ランダムな質感を出すために、ねじって根元を押さえ、毛先を散らすようにスタイリングします。

❹浸透水を塗布

ムラがかりを避け、１剤の浸透を促進するため、１剤塗布の前に浸透水（ハイドロール）を塗布します。
１剤は自然放置で４分おきます。

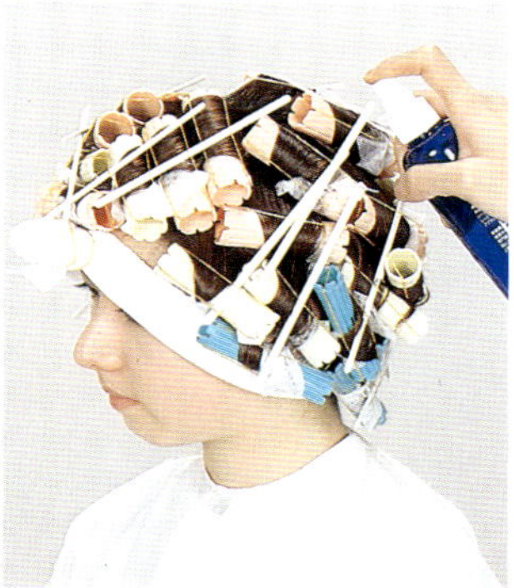

仕上がり

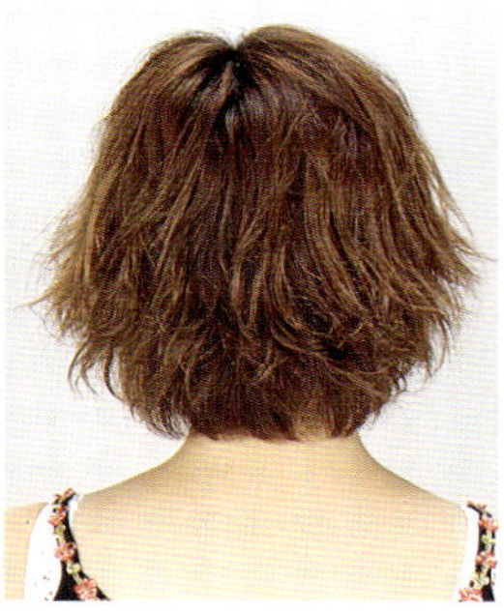

あとがき

これからのパーマテクは、今以上にお客さまの持つ髪質、ダメージなどによるさまざまな対応に迫られています。例えばカラリングはハイトーンの全盛時代を迎えていますが、これは髪の毛の中のたんぱく成分などを減少させることにもつながり、ハイダメージへのケアが不可欠になっています。ここでは、そんな対応をも含めた前処理を中心とするＺＡＣＣのパーマシステムを公開しています。本書を充分に活用していただき、多くのお客さまに支持されるデザイン提案を、より確実なものとされることを願っています。
最後に本書の刊行に当たり、新美容出版㈱の長尾明美社長、児玉勝彦編集局長、編集担当の田中俊夫さんとカメラマンの在原一夫さんほか、多数のメーカー、ディーラー各位様にお力添えをいただき、心より御礼申し上げます。

ZACC代表　高橋和義

ZACC KAZUYOSHI TAKAHASHI

1987年　東京・荻窪に「ZACC」をオープン。
1992年　東京・北青山に２店舗目をオープン。
1994年　荻窪店と北青山店を統合して表参道にオープン（現在のZACC un）。
2000年　表参道にZACC deuxをオープン。
これまでTOMOTOMO誌上に「カットのベーシック」を２年間、「毛髪の知識」を３年間連載。東京コレクションやCM、ＴＶのヘアメークの担当、一般女性誌や専門誌などへの作品の発表など、幅広いジャンルの仕事を手がけている。

制作協力 土屋直久（丸屋）art director　TEL 03-3449-8461
曽山絵里　stylist　TEL 03-3477-9432

衣裳 p42　タンクトップ／ティーム・オブ・ビートン
p48　キャミソール／マシンナ クードル
p84　黒キャミソール・チューブトップ（下）／メープルクリークス
コサージュ付チョーカー／クチャ

衣裳協力 コラボレーション
（ティーム・オブ・ビートン、マシンナ クードル、メープルクリークス、クチャ）
〒151-0062 東京都渋谷区元代々木町8-5　浅野ビル２Ｆ　TEL 03-5454-1414

Wave Ability

定価／本体5,200円（＋税）検印省略
2000年５月25日 第１刷発行
2000年６月16日 第２刷発行
2000年８月10日 第３刷発行
2002年３月15日 第４刷発行

著　者　ZACC
発行者　長尾明美
発行所　新美容出版株式会社　〒106-0031 東京都港区西麻布1-11-12
編集部　TEL 03-5770-7021　FAX 03-5770-1202
営業部　TEL 03-5770-1201　FAX 03-5770-1228
http://www.shinbiyo.com
振　替　00170-1-50321

印　刷　太陽印刷工業株式会社
製　本　共同製本株式会社